AF193575

CARTA 2
La humildad en la vida espiritual

JOSEMARÍA ESCRIVÁ DE BALAGUER

CARTA 2
La humildad en la vida espiritual

Edición preparada por
LUIS CANO

EDICIONES RIALP
MADRID

© 2024 *by* Scriptor S. A.,
EDICIONES RIALP, S. A.,
Manuel Uribe 13-15, 28033 Madrid
(www.rialp.com)

Preimpresión: produccioneditorial.com

ISBN (edición impresa): 978-84-321-6638-9
Depósito legal: M-33279-2023

Impreso en España   *Printed in Spain*
Anzos, S. L. - Fuenlabrada (Madrid)

ÍNDICE

NOTA DEL EDITOR

Recogemos en este libro una carta de san Josemaría sobre la importancia de la humildad en la vida espiritual. Está fechada el 24 de marzo de 1931. Existe un comentario oral de san Josemaría a esta carta, grabado en cinta magnetofónica, durante la reunión de consiliarios de las diferentes regiones del Opus Dei, en enero de 1966, cuando les entregó este documento. Está publicada con el n.º 2 en el libro *Cartas (I)*, editado por Rialp en 2020.

Este documento forma parte de un género literario particular de san Josemaría. No es un tratado: su estilo se parece más al de una conversación familiar, que el fundador mantiene con los miembros del Opus Dei de todos los tiempos. El tono es semejante al que empleaba en las tertulias con personas de la Obra, en las que les transmitía de viva voz el espíritu, la historia y las tradiciones de la Obra.

San Josemaría trata en esta Carta de una virtud fundamental en la vida cristiana: la humildad. Para él la vida cristiana exige una conversión constante: no hace falta ser un pecador pertinaz para arrepentirse, realzarse después de una caída, ser curado de las propias heridas y confiar más plenamente en las fuerzas que la gracia divina proporciona. Esta debe ser, para él, la actitud normal de todo cristiano que se ha entregado a Dios.

Aunque no existe un índice ni un esquema, se puede identificar una cierta estructura en el texto, que cabe distribuir en seis partes.

La primera (§§ 1-7) trata de la relación entre la humildad y la gracia, como fundamentos de la vida espiritual. Desarrolla aquí uno de sus temas más queridos desde los años treinta: el endiosamiento bueno.

La Carta, designada también por su íncipit latino como *Videns eos*, comienza "entre barcas y redes", como le gustaba decir a san Josemaría: con una escena situada en el mar de Galilea. Cristo viene al encuentro de unos hombres que trabajan en su oficio y lo hace caminando sobre el mar. *Videns eos*...: los vio mientras remaban con fatiga. Jesús se apiada de sus discípulos, de las dificultades que atraviesan, y hace un milagro que demuestra su potencia divina.

San Josemaría elige este pasaje evangélico para llamar la atención sobre la misión de los apóstoles y compara la vocación al Opus Dei con la de los primeros seguidores de Cristo. Explica que Dios sobrenaturaliza la debilidad humana y la convierte en algo capaz de cosas muy grandes. Pero esa fuerza divina actúa si se practica la virtud de la humildad.

Después siguen unas consideraciones que, como él dice, «habrán de ayudaros a edificar sobre una profunda y sincera humildad» (§ 8). Empieza aquí la segunda parte, relativamente breve (§§ 8-14), donde trata algunos temas sobre los que volverá más extensamente en otros pasajes de la Carta: la necesidad de la confianza en Dios; el crecimiento en la caridad; los obstáculos y los fracasos; la acción del demonio contra la propia santidad; la importancia de reaccionar ante las flaquezas y de afrontarlas con optimismo, apoyándose en la fortaleza de Dios.

La Carta prosigue, en su parte más amplia (§§ 15-33), analizando los principales obstáculos de la vida espiritual. Alude aquí a los problemas personales mal enfocados, que llevan al egocentrismo o al victimismo, como fruto de la soberbia. Después se refiere a las situaciones de oscuridad y aridez interior, para las que propone una serie de remedios ascéticos. Seguidamente trata de las tentaciones, de las crisis de la madurez, del desaliento y de la conciencia de una cierta infecundidad, de la sensación de fracaso o incapacidad personal.

En la cuarta parte (§§ 34-42) san Josemaría se detiene en la virtud de la sinceridad, que considera un gran medio para conseguir la humildad. Es típico del fundador del Opus Dei hablar de la sinceridad no como simple virtud humana, sino en un contexto ascético, como una manifestación de humildad y como un baluarte para la perseverancia. Se refiere especialmente a ella en el contexto de la orientación espiritual y de la confesión.

Una quinta parte (§§ 43-58) ilustra cómo la fidelidad a Dios es uno de los frutos de la humildad. La vocación recibida lleva consigo, para san Josemaría, una gracia particular, una ayuda sobrenatural específica para perseverar en el seguimiento de Cristo. Es la humildad la que abre los ojos al poder inmenso de la gracia, mostrando que todos los obstáculos y debilidades de la vida espiritual se pueden superar gracias al auxilio divino. El único escollo insuperable es precisamente el rechazo voluntario de la gracia, a causa de la soberbia.

La parte conclusiva (§§ 59-61) se refiere a la unión con Dios, a la vida contemplativa y a la piedad, al trato confiado con Jesucristo y con su Madre santísima.

Incluimos el prólogo escrito por Fernando Ocáriz, prelado del Opus Dei, que introduce la edición de las cuatro primeras cartas.

PRÓLOGO

Me produce una gran alegría el comienzo de la edición pública de las *Cartas* que san Josemaría escribió para los miembros del Opus Dei. Han pasado más de noventa años desde el 2 de octubre de 1928, día en que el Señor lo llamó para que fundara la Obra. Nueve décadas son muchas para la vida de una persona; en cambio, de ordinario no sucede lo mismo con una institución querida por Dios para su Iglesia.

San Josemaría hizo referencia, en cierto momento, a la historicidad propia de un carisma que está destinado a ser fecundo a lo largo del tiempo: «Permanece inconmovible el meollo, la esencia, el espíritu, pero evolucionan los modos de decir y de hacer, siempre viejos y nuevos, siempre santos»[1]. En este juego de identidad y dinamismo se expresa también la fidelidad a un espíritu que busca dar

---

[1] *Carta* 27, § 56.

vida en todas las épocas. Las *Cartas* que ahora se empiezan a publicar constituyen un valioso material para esta tarea ya que, de alguna manera, nos acercan a aquella fecha fundacional.

Durante los primeros años treinta del siglo pasado, san Josemaría se esforzaba por compaginar con su dedicación a la Obra, que daba sus primeros pasos, el resto de su trabajo pastoral, académico y su contribución al sostenimiento económico de su familia. Sabemos que la puesta en marcha del Opus Dei no fue una tarea sencilla: el mensaje que debía difundir –la llamada a la santidad en medio del mundo y tomando ocasión del mundo– no estaba en aquellos años veinte y treinta universalmente reconocido; es más, chocaba con la mentalidad más común. Se trataba de abrir a hombres y mujeres «los caminos divinos de la tierra», de mostrar que los nobles quehaceres humanos podían ser recorridos en comunión con Dios de modo que fueran también caminos de santidad.

Un día de abril de 1933 escribió: «Dios mío: ya lo ves; suspiro por vivir sólo para tu Obra, y en lo espiritual dirigir toda mi vida interior a la formación de mis hijos, con ejercicios, pláticas, meditaciones, cartas, etc.»[2]. El fundador se sirvió de la predicación oral y de los escritos

---

[2] *Apuntes íntimos*, n.º 1723.

como modo de profundizar y de transmitir el mensaje de santidad en la vida ordinaria. Entre los textos que se han conservado, destacan los que denominó *Instrucciones* y también los que llamó *Cartas*: ambos recogen consideraciones espirituales y prácticas en las que explica la naturaleza y los apostolados del Opus Dei[3]. Ahora ven la luz las cuatro primeras *Cartas* pastorales, gestadas precisamente durante esos años en Madrid aunque –como se explica en el presente estudio– trabajadas definitivamente en Roma, años más tarde, cuando adquirieron su forma actual.

San Josemaría preparaba una posible edición de las *Cartas* cuando el Señor le llamó a su gloria. Y dejó indicado a sus sucesores que las difundieran cuando la prudencia se lo aconsejase. Mi predecesor, Mons. Javier Echevarría, tomó la decisión de iniciar el proceso de publicación hace casi diez años. Ahora, después de diversos trabajos y estudios sobre el entero ciclo de estos textos –un *corpus* de escritos inéditos de varios millares de páginas–, se ha podido comenzar su publicación, que seguirá a lo largo

---

[3] Cfr. José Luis Illanes, "Obra escrita y predicación de san Josemaría Escrivá de Balaguer", SetD 3 (2009), p. 218; Id., «Cartas (obra inédita)», en DJE, pp. 204-211; Luis Cano, «Instrucciones (obra inédita)», en *ibíd*, pp. 650-655.

de los próximos años. Este trabajo se encuadra dentro de la Colección de Obras Completas de San Josemaría, en edición crítica anotada, encomendada al Instituto Histórico San Josemaría Escrivá, con sede en Roma.

Las *Cartas* están dirigidas expresamente a los miembros del Opus Dei, pero iluminan todo el itinerario de la vida cristiana, con especial referencia a las incidencias y los valores de la vida en el mundo. Por eso san Josemaría previó que, cuando fuese oportuno, se hicieran accesibles a todas las personas interesadas en conocer y vivir el mensaje de santidad en la propia existencia.

Estos textos desarrollan ampliamente los elementos fundamentales del espíritu del Opus Dei, ya enunciados, con estilo distinto, en *Consideraciones Espirituales* y en *Camino* publicados entre 1932 y 1939. Y de todos, con mayor o menor extensión según los casos, se encuentran ecos en su predicación de aquellos años y de los sucesivos. En las cuatro *Cartas* que ahora se publican, se tratan con la fuerza que caracterizó la predicación de san Josemaría, temas nucleares de la llamada universal a la santidad y al apostolado en la vida ordinaria, y de sus múltiples implicaciones doctrinales y existenciales: la santificación del trabajo profesional, la vida de oración con la aspiración a ser contemplativos en medio del mundo, la inspiración cristiana de las realidades sociales, la libertad y responsabilidad del cristiano en sus actuaciones temporales, el valor humano y cristiano de la amistad. Esos y otros aspectos aparecen enraizados en lo más hondo y perenne de la vida cristiana: la filiación divina, la unión con Jesucristo en la Eucaristía y en la oración, la devoción a María Santísima, la conciencia de la vocación recibida con el bautismo y reforzada por la práctica sacramental, el amor a la Iglesia con la adhesión filial al Romano Pontífice y a todos los obispos en comunión con él.

Quisiera dar las gracias a los miembros del Instituto Histórico que han preparado con esmero esta edición de las primeras cuatro *Cartas*, así como a quienes se encuentran trabajando en la publicación de las siguientes. Más de una vez el lector se conmoverá con la lectura de estos escritos, que nos dan a conocer los pensamientos y deseos que ocupaban el corazón y la mente de san Josemaría. El eco de sus primeros años como fundador del Opus Dei está presente de modo vibrante en estas páginas. Algunas traen a la mente las conversaciones que, desde el principio, mantenía con quienes se acercaban a él; momentos que en Roma, años después, dieron lugar a tertulias en las que pasaba de un tema a otro para dar luz a quienes le escuchábamos, o en las que nos contaba detalles de la historia del Opus Dei. A su intercesión acudo para que nos ayude a profundizar en nuestro amor a Dios, a la Iglesia y a cada persona.

Roma, 28 de noviembre de 2019
Aniversario de la erección del Opus Dei
en Prelatura personal

Mons. FERNANDO OCÁRIZ
Prelado del Opus Dei

CARTA 2

[Sobre la humildad en la vida espiritual; su íncipit
latino es *Videns ecs*, lleva la fecha del 24 de marzo
de 1931 y fue impresa por primera vez
en enero de 1966]

Viéndolos remar con gran fatiga, pues el viento les era *contrario, a eso de la cuarta vela de la noche —en la madrugada—, vino hacia ellos caminando sobre el mar*[1]. Me conmueve, hijos queridísimos, contemplar a Jesús que ejercita su poder divino y hace un milagro maravilloso, para ir al encuentro de los suyos, que se fatigan remando contra el viento por llevar la barca a donde el Señor les ha dicho.

Cumplimos también nosotros un mandato imperativo de Cristo, navegando en un mar revuelto por las pasiones y los errores humanos, y sintiendo a veces dentro de nosotros toda nuestra flaqueza, pero decididos firmemente a conducir a término esta barca de salvación que el Señor nos ha confiado. Se levanta quizá en ocasiones, de lo profundo del corazón, ante la

---

[1] *Mc* 6,48.

fuerza del viento contrario, la voz de nuestra impotencia humana: *ten misericordia de mí, oh Dios, porque me persiguen, me combaten y me hacen sufrir constantemente. Sin cesar me persiguen mis enemigos; y son muchos, en verdad, los que me combaten*[2]. Él no nos deja, y siempre que ha sido necesario se ha hecho presente, con su omnipotencia amorosa, para llenar de paz y de seguridad el corazón de los suyos: *Jesús les habló luego, y dijo: buen ánimo, soy yo, no tenéis que temer. Y se metió con ellos en la barca, y cesó el viento*[3].

Necesidad de la humildad

2   Quisiera haceros sentir, junto al gozo que vuestra llamada divina os produce, una íntima y sincera humildad, que no sólo es compatible con la esperanza y con la grandeza de ánimo, sino que es su mejor defensa y garantía. Porque *no toda seguridad es digna de alabanza, sino sólo la que abandona los cuidados en la medida en que debe hacerlo y en las cosas en que no se debe temer. Así es como la seguridad es una condición para la fortaleza y para la magnanimidad*[4].

Cada uno de nosotros es como aquel gigante de la Sagrada Escritura: *la cabeza de la*

---

[2] *Sal* 56[55],2-3.
[3] *Mc* 6,50-51.
[4] *S.Th.* II-II, q. 129, a. 7 ad 2.

estatua era de oro puro; su pecho y sus brazos, de plata; su vientre y sus caderas, de bronce; sus piernas, de hierro, y sus pies, parte de hierro, parte de barro[5]. No olvidemos nunca esta debilidad del fundamento humano, y así seremos prudentes —humildes— y no sucederá lo que acaeció a aquella estatua colosal: *que una piedra desprendida, no lanzada por mano, hirió a la estatua en los pies de hierro y barro, destrozándolos. Entonces el hierro, el barro, el bronce, la plata y el oro se desmenuzaron juntamente y fueron como polvo de las eras en verano: se los llevó el viento sin que de ellos quedara traza alguna*[6].

Oíd, mis hijos, lo que el Espíritu Santo nos dice por San Pablo: *el que piensa estar firme, mire no caiga. No habéis tenido sino tentaciones humanas, ordinarias; pero fiel es Dios, que no permitirá que seáis tentados más allá de vuestras fuerzas, sino que de la misma tentación os hará sacar provecho para que podáis sosteneros*[7].

Por la gracia, el hombre se endiosa

El alma *se endiosa*: ¡su vida nueva contrasta tanto con la de antes, y con la que a su alrededor encuentra tantas veces! La fe nos dice que un alma

3

---

[5] *Dn* 2,32-33.
[6] *Dn* 2,34-35.
[7] *1 Co* 10,12-13.

en estado de gracia es verdaderamente un alma divinizada: *nos ha dado Dios las grandes y preciosas gracias que había prometido, para haceros por medio de ellas partícipes de la naturaleza divina*[8]. Este concepto teologal del hombre dista del concepto puramente humano y natural, casi tanto como dista Dios de la humanidad. Somos hombres, de carne y hueso, no ángeles. Pero también en el cuerpo, por influjo del alma en gracia, redunda esa divinización, como un anticipo de la resurrección gloriosa.

¿Y osaré decir: porque soy santo? Si dijese santo en cuanto santificador y no necesitado de nadie que me santifique, sería soberbio y mentiroso. Pero si entendemos por santo el santificado según aquello de: sed santos, porque yo soy santo; entonces ose también el Cuerpo de Cristo, hasta el último hombre que clama desde los extremos de la tierra, con su Cabeza y bajo su Cabeza, y diga audazmente: porque soy santo[9].

4 No puedo ocultaros, hijos míos, mi temor de que en algún caso ese endiosamiento, sin una base profunda de humildad, pueda ocasionar la presunción, la corrupción de la verdadera esperanza, la soberbia y —más tarde o más temprano— el

---

[8] *2 P* 1,4.

[9] S. Agustín de Hipona, *Enarrationes in Psalmos*, 85, 4 (CChr.SL 39, p. 1179).

derrumbamiento espiritual ante la experiencia inesperada de la propia flaqueza.

Suelo poner el ejemplo del polvo que es elevado por el viento hasta formar en lo más alto una nube dorada, porque admite los reflejos del sol. De la misma manera, la gracia de Dios nos lleva altos, y reverbera en nosotros toda esa maravilla de bondad, de sabiduría, de eficacia, de belleza, que es Dios. Si tú y yo nos sabemos polvo y miseria, poquita cosa, lo demás lo pondrá el Señor. Es una consideración que me llena el alma.

Pero ¿endiosamiento sin humildad?, ¡malo! Y si el endiosamiento es corporativo, ¡peor! *Porque Tú, Señor, salvas al pueblo humilde, y humillas al soberbio*[10].

En las travesías de la vida interior y en las del trabajo espiritual, el Señor concede a sus apóstoles esos tiempos de bonanza, y los elementos, las propias miserias y los obstáculos del ambiente, enmudecen: el alma goza, en sí misma y en los demás, la hermosura y el poder de lo divino, y se llena de contento, de paz, de seguridad en su fe aún vacilante. Sobre todo a los que comienzan, suele llevarlos el Señor —tal vez durante años— por esos mares menos borrascosos, para confirmarlos en su primera decisión, sin exigirles

5

---

[10] *Sal* 18[17],28.

al principio lo que ellos aún no pueden dar, porque son *sicut modo geniti infantes*[11], como niños recién nacidos.

6   Es malo el endiosamiento si ciega, si no deja ver con evidencia que tenemos los pies de barro, ya que la piedra de toque para distinguir el endiosamiento bueno del malo es la humildad. Por eso, es bueno, mientras no se pierde la conciencia de que esa divinización es un don de Dios, gracia de Dios; es malo, cuando el alma se atribuye a sí misma —a sus obras, a sus méritos, a su excelencia— la grandeza espiritual que le ha sido dada.

¡Humildes, humildes! Porque sabemos que en parte estamos hechos de barro, y conocemos un poquito de nuestra soberbia y de nuestras miserias... y no lo sabemos todo. ¡Que descubramos lo que estorba a nuestra fe y a nuestra esperanza y a nuestro amor!

Esta humildad la alcanzan de dos modos los que tienen afán de ser santos. Uno tiene lugar cuando el que lucha por ejercitarse en la piedad se halla en plena experiencia espiritual y, a causa de la flaqueza del cuerpo, o por obra de los que quieren mal a quienes practican la virtud, o por los malos pensamientos que le asaltan, siente de sí mismo con más modestia y sumisión. El otro modo, en cambio, se da cuando

---

[11] *1 P 2,2.*

la inteligencia es ilustrada por la gracia santa con profundidad y plenitud: entonces el alma tiene como una humildad natural. Hecha más plena y como más rica por la gracia divina, no puede ya alzarse con la hinchazón del deseo de gloria, aunque cumpla siempre acabadamente los mandatos de Dios, sino que más bien se comporta como inferior a todos, con un trato lleno de sumisión y de divina modestia[12].

Edificar sobre cimientos de humildad

Para hacer los cimientos de un edificio, a veces hay que ahondar mucho, llegar a una gran profundidad, hacer grandes soportes de hierro y hundirlos hasta que se apoyen sobre roca. Pero no hay necesidad de eso si se encuentra enseguida terreno firme. Para nosotros la roca es ésta: piedad, filiación divina, abandono en las manos de Dios, sinceridad y tener la cabeza en la constante realidad de la vida ordinaria: *te amo Señor, fortaleza mía. El Señor es mi roca, mi refugio y mi libertador*[13].

7

Es el mismo Jesús Señor Nuestro el que nos dice: *cualquiera que escucha mi doctrina y la pone por obra, será semejante a un hombre cuerdo,*

---

[12] DIADOCO DE FÓTICE, *Capita centum de perfectione spirituali*, c. 95 (PG 65, cols. 1207-1208).

[13] *Sal* 18[17],2-3.

que fundó su casa sobre piedra; y cayeron las lluvias, y los ríos salieron de madre, y soplaron los vientos y dieron con ímpetu contra esa casa, que no fue destruida, porque estaba fundada sobre piedra. Pero el que oye mi doctrina y no la practica, será semejante a un hombre loco que fabricó su casa sobre arena; y cayeron las lluvias, y los ríos salieron de madre, y soplaron los vientos y dieron con ímpetu contra aquella casa, que se desplomó y su ruina fue grande[14].

8 Me siento ahora movido, hijos míos, a haceros unas consideraciones que habrán de ayudaros a edificar sobre una profunda y sincera humildad, porque *desdichado es el que desecha la sabiduría y la instrucción; su esperanza es vana, sus trabajos infructuosos, e inútiles sus obras*[15]; pero, en cambio, *el Señor dio a los santos la recompensa de sus trabajos, guiándolos por un camino de maravilla, y fue para ellos sombra en el día y luz de estrellas en la noche*[16].

9 Os decía que hay, a lo largo de esta navegación de la vida nuestra, tiempos de bonanza —interna o externa— incluso prolongados; pero sólo en el Cielo la paz es definitiva, la serenidad completa. Lo ha dicho Jesucristo: *no tenéis que pensar que yo*

---

[14] *Mt* 7,24-27.
[15] *Sb* 3,11.
[16] *Sb* 10,17.

haya venido a traer la paz a la tierra: no he venido a
traer la paz, sino la guerra[17].

Un hombre se va haciendo poco a poco,
y nunca llega a hacerse del todo, a realizar en sí
mismo toda la perfección humana de que la naturaleza es capaz. En un aspecto determinado,
puede incluso llegar a ser el mejor, en relación
con todos los demás, y quizá a ser insuperable en esa actividad concreta natural. Sin em-
bargo, como cristiano su crecimiento no tiene
límites: siempre puede crecer en caridad, que
es la esencia de la perfección. *Pues la caridad,*
según su propia razón específica, no tiene término
en su aumento: siendo como es una participación de
la caridad infinita, que es el Espíritu Santo. Tam-
bién la causa del aumento de la caridad —es decir,
Dios— es infinita en su poder. Y de modo semejan-
te, tampoco por parte del sujeto se puede señalar un
término a esta mejora: porque siempre, al crecer la
caridad, crece también la capacidad para un ulterior
acrecentamiento. Por lo que debe concluirse que en
esta vida no se puede prefijar un término al aumento
de la caridad[18].

Oíd el testimonio de Pablo: *no es que ya*
lo haya logrado todo, o que sea ya perfecto; pero sigo
mi carrera por ver si alcanzo aquello para lo que fui

---

[17] *Mt* 10,34.
[18] *S.Th.* II-II, q. 24, a. 7 c.

destinado por Jesucristo[19]. San Pablo era un caminante perfecto, pero por eso mismo sabía que no había alcanzado la perfección, a la que ese camino conducía*. No os extrañe, pues, que os diga con San Agustín: *corramos, prosigamos, estamos en el camino; que la seguridad venturosa de las cosas pasadas, no nos haga ser menos diligentes para las que aún no hemos alcanzado*[20].

*Saber que hay obstáculos. No asustarse
ante las miserias personales*

10   Alta es la meta, a la que Jesús nos llama: inasequible, hasta el fin mismo del camino de la vida. Siempre se puede tender a más, y el que no avanza, retrocede; el que no crece, mengua. *Los que me comen*, se lee en el Eclesiástico, *aún tendrán hambre; y los que me beben, aún tendrán sed*[21].

Además no podemos olvidar que llevamos en nosotros mismos un principio de oposición, de resistencia a la gracia: las heridas del pecado original, quizá enconadas por nuestros pecados

---

* Cfr. S. AGUSTÍN DE HIPONA, *De Peccatorum meritis et remissione et de Baptismo parvulorum ad Marcellinum libri tres*, II, c. 13, 20 (CSEL 60, p. 93) (N. del E.).

[19] *Flp* 3,12.

[20] S. AGUSTÍN DE HIPONA, *Enarrationes in Psalmos*, 38, 6 (CChr.SL 39, p. 1179).

[21] *Si* 24,29.

personales. Se opondrán a tus hambres de santidad, hijo mío, en primer lugar, la pereza, que es
el primer frente en el que hay que luchar; después, la rebeldía, el no querer llevar sobre los
hombros el yugo suave de Cristo, un afán loco,
no de libertad santa, sino de libertinaje; la sen-
sualidad y, en todo momento —más solapada-
mente, conforme pasan los años—, la soberbia;
y después toda una reata de malas inclinaciones,
porque nuestras miserias no vienen nunca solas.

No nos queramos engañar: tendremos miserias. Cuando seamos viejos, también: las mismas malas inclinaciones que a los veinte años.
Y será igualmente necesaria la lucha ascética, y
tendremos que pedir al Señor que nos dé humildad. Es una pelea constante. *Militia est vita homi-
nis super terram*[22]. Pero la paz está justamente en
la guerra. ¡La paz es consecuencia de la victoria!

Hijos míos: no os avergüence ser miserables;   11
no os acobardéis porque tengáis en el corazón el
fomes peccati, la materia propia para que se cebe
el fuego del pecado.

No os asustéis, porque *el justo cae siete veces,
y otras tantas se levanta*[23]. En nuestra pelea espiritual no faltarán fracasos. Pero ante nuestras

---

[22] *Jb* 7,1.
[23] *Pr* 24,16.

equivocaciones, ante el error, debemos reaccionar inmediatamente, haciendo un acto de contrición, que vendrá a nuestro corazón y a nuestros labios con la prontitud con que acude la sangre a la herida, combatiendo con eficacia el cuerpo extraño, el germen de infección.

Yo os aseguro, dice el Señor Dios, que no me gozo en la muerte del impío, sino en que se aparte de su camino y viva. Convertíos de vuestros malos caminos: ¿por qué os empeñáis en morir, casa de Israel? Tú, pues, hijo de hombre, di también a los hijos de tu pueblo: la justicia del justo no le salvará el día en que pecare, y la impiedad del impío no le será estorbo el día en que se convierta de su iniquidad, como no vivirá el justo por su justicia el día en que pecare[24].

El obstáculo de las inclinaciones humanas

12 Es lógico, por otra parte, que sintamos la atracción, no ya del pecado, sino de esas cosas humanas nobles en sí mismas, que hemos dejado por amor a Jesucristo, sin que por eso hayamos perdido la inclinación a ellas. Porque teníamos esa tendencia, la entrega de cada uno de nosotros fue don de sí mismo, generoso y desprendido; porque conservamos esa entrega, la fidelidad es

---

[24] *Ez* 33,11-12.

una donación continuada: un amor, una liberalidad, un desasimiento que perdura, y no simple resultado de la inercia. Dice Santo Tomás: *eiusdem autem est aliquid constituere, et constitutum conservare*[25]. Lo mismo que dio origen a tu entrega, hijo mío, habrá de conservarla.

El reino de los cielos es semejante a un hombre, que sembró buena simiente en su campo[26]. El campo de Dios es el mundo entero y lo es, también de modo especial, tu alma. Pero además, como somos hijos de Dios, ese campo de nuestro Padre es campo nuestro. A vosotros y a mí el Señor nos ha dejado el mundo entero por heredad. Pensad en lo que esto supone de divinización, de grandeza, de responsabilidad.

13

Pero, *cuando los hombres se durmieron, vino su enemigo, y sembró cizaña en medio del trigo, y se fue*[27]. El enemigo de Dios: la gente tiene como miedo a hablar de las intervenciones, de las asechanzas de ese enemigo de Dios, de Satanás. Yo os digo que hemos de pensar, necesariamente, en que el demonio actúa. Me da tanta devoción rezar al pie del altar: *Sancte Michaël Archangele, defende nos*

---

[25] *S.Th.* II-II, q. 79, a. 1 c.
[26] *Mt* 13,24.
[27] *Mt* 13,25.

in proelio: contra nequitiam et insidias diaboli...[28]. Para que nos libre de la influencia diabólica en tantas cosas personales y ajenas.

Cum autem dormirent homines... No se ha de perder una sola palabra de lo que nos dice el Señor. Porque, en nuestra vida personal, ¿no es acaso sueño, un mal sueño, el que nos hace desperdiciar la buena semilla de la doctrina y de la vida santa? Luego debemos estar vigilantes. *Custos, quid de nocte?*[29]. ¡Centinela, alerta! Debemos estar en vela, debemos oír el grito de alarma y repetirlo a los demás. No podemos adormecernos, porque si no, en medio de lo bueno vendrá lo malo: *vigilad y orad, para no caer en la tentación*[30].

Estando ya el trigo en hierba, y apuntando la espiga, descubrióse asimismo la cizaña[31]. ¡Divina pedagogía de las parábolas!: luminosas y claras, para las almas sencillas; ininteligibles, para los complicados e indóciles: por eso los fariseos no las entienden. El sembrador, el campo, el enemigo, la cizaña... Acércate más a Cristo, y

---

[28] «San Miguel Arcángel, defiéndenos en la lucha: contra la maldad y las asechanzas del demonio...», *Missale Romanum*, Oración a San Miguel Arcángel (T. del E.).

[29] *Is* 21,11.

[30] *Mt* 26,41.

[31] *Mt* 13,26.

dile que te explique la parábola —*edissere nobis parabolam!*[32]— en la intimidad de tu oración.

Di al Señor que quieres poner todos los medios. Cuando veas que no has sabido ponerlos, que te duermes —¡triste cosa ese sueño!—, es la hora de reaccionar, con la gracia de Dios. Es seguro que no ha sido el nuestro un abandono que tenga su origen en falta de amor, sino en la flaqueza. Por eso, hemos de decir al Señor enseguida: en adelante yo seré fuerte, contigo. Las derrotas son mías: las victorias, tuyas. No quiero que haya mal en el mundo: el campo será arado, y recibirá la atención necesaria, con la semilla generosamente sembrada. *Líbrame de mis enemigos, oh Señor, porque a ti acudo. Enséñame a cumplir tu voluntad, pues eres mi Dios*[33].

Descargándonos de todo peso y de los lazos del pecado, corramos con empeño al término del combate que nos es propuesto, poniendo siempre los ojos en Jesús, autor y consumador de la fe[34]. Tendremos dificultades: pero conocemos los medios, para luchar y para vencer contra las inclinaciones de la pobre naturaleza humana; pongámoslos y confiemos en el Señor, Salvador Nuestro.

14

---

[32] *Mt* 13,36.
[33] *Sal* 143[142],5-10.
[34] *Hb* 12,1-2.

Tened optimismo. El propio San Pablo, en la epístola a los Filipenses, nos dirá: *gaudete in Domino semper: iterum dico: gaudete*[35]; vivid siempre alegres en el Señor; os lo repito: estad contentos. Hay que ver, hijos míos, el aspecto positivo de las cosas. Lo que parece más tremendo en la vida, no es tan negro, no es tan obscuro. Si puntualizáis, no llegaréis a conclusiones pesimistas. Como un buen médico no dice, al ver un paciente, que todo en él está podrido, os pido por amor a Jesucristo que tengáis confianza. No afirméis nada malo, sin ver la contrapartida. Un enfermo no es inmediatamente un cuerpo para el cementerio. Vamos a curarlo, dándole los remedios oportunos. Dentro de nuestro espíritu, tenemos toda la farmacopea.

El obstáculo de los problemas personales

15   Estemos siempre serenos. Si somos piadosos y sinceros, no habrá penas duraderas y desaparecerán del todo esas otras que a veces nos inventamos, porque no lo son objetivamente. Viviremos con alegría, con paz, en los brazos de la Madre de Dios, como hijos pequeños suyos, que eso somos. De cuando en cuando, cada uno tiene en su mundo interior un conflicto menudo, que la

---

[35] *Flp* 4,4.

soberbia se encarga de hacer grande, para darle
importancia, para arrancarnos la paz. No hagáis
caso de esas pequeñeces. Decid: soy un pecador,
que ama a Jesucristo.

Casi todos los que tienen problemas personales, los tienen por el egoísmo de pensar
en sí mismos. Es necesario darse a los demás,
servir a los demás por amor de Dios: ése es el
camino para que desaparezcan nuestras penas.
La mayor parte de las contradicciones tiene
su origen en que nos olvidamos del servicio
que debemos a los demás hombres y nos ocu-
pamos demasiado de *nuestro yo*. Entregarse al
servicio de las almas, olvidándose de sí mismo,
es de tal eficacia, que Dios lo premia con una
humildad llena de alegría.

Y nada de mentalidad de víctima. Hay una
sola Víctima: Cristo Señor Nuestro en la Cruz.
Calma y espíritu de servicio necesitamos. *Todas
las cosas se hacen por causa de vosotros, a fin de que la
gracia esparcida con abundancia sirva para aumentar
la gloria de Dios, por medio de las acciones de gracias
que le tributarán muchos. Por lo que no desmayamos;
al contrario, aunque en nosotros se vaya desmoronan-
do el hombre exterior, el interior se va renovando de
día en día. Porque las aflicciones, tan breves y tan li-
geras de la vida presente, nos producen el eterno peso
de una sublime e incomparable gloria, y así no ponemos nosotros la mira en las cosas visibles, sino en las*

invisibles; porque las que se ven son transitorias, y las que no se ven son eternas[36].

El obstáculo de la obscuridad interior

16   Tendremos, tal vez, que superar otro obstáculo: la obscuridad en la vida interior. Un hombre piadoso puede tener su pobre corazón en tinieblas; y esas tinieblas pueden durar unos momentos, unos días, una temporada, unos años. Es la hora de clamar: *Señor, ten misericordia de mí, porque te he invocado todo el día: porque Tú, Señor, eres suave y apacible, y de mucha clemencia con los que te invocan*[37]. Y es la hora de meditar aquel hecho prodigioso que nos relata San Juan: *al pasar, vio Jesús a un hombre, ciego de nacimiento. Sus discípulos le preguntaron: Maestro, ¿qué pecados son la causa de que haya nacido ciego: los suyos o los de sus padres? Respondió Jesús: no es por culpa de ése ni de sus padres; sino para que las obras de Dios resplandezcan en él*[38].

Puede ocurrir que la ceguera nuestra —si viene— no sea consecuencia de nuestros errores: sino un medio del que Dios quiere valerse para hacernos más santos, más eficaces. En cualquier caso, se trata de vivir de fe; de hacer nuestra fe

---

[36] *2 Co* 4,15-18.
[37] *Sal* 86[85],3.5.
[38] *Jn* 9,1-3.

más teologal, menos dependiente en su ejercicio de otras razones que no sean Dios mismo. *Como alguien, que tiene poca ciencia, está más seguro de lo que oye a otro que posee muchísima ciencia, que de lo que a él mismo le parece según su propio entendimiento; así mucho más seguro está el hombre de lo que ha dicho Dios, que no puede engañarse, que de lo que ve con su propia razón, que puede equivocarse*[39].

Así que hubo dicho esto, Jesús escupió en tierra, y formó lodo con la saliva, y lo aplicó sobre los ojos del ciego, y le dijo: anda, y lávate en la piscina de Siloé (palabra que significa enviado). Fue, pues, y se lavó y volvió con vista[40]. Purifícate, y volverás a tener —mejorada— una visión luminosa, divina.

Dios ensalza en lo mismo que humilla. Si el alma   17
se deja llevar, si obedece, si acepta la purificación con entereza, si vive de la fe, verá con una luz insospechada, ante la que después pensará asombrado que antes ha sido ciego de nacimiento. *Y volviendo Jesús a hablar al pueblo, dijo: Yo soy la luz del mundo; el que me sigue no camina a obscuras, sino que tendrá la luz de la vida*[41].

En último término, nuestros conflictos son también un problema de humildad. Mira al

---

[39] *S.Th.* II-II, q. 4, a. 8 ad 2.
[40] *Jn* 9,6-7.
[41] *Jn* 8,12.

publicano cómo ora en el templo: *se quedó lejos, y por eso Dios se le acercó más fácilmente. No atreviéndose a levantar los ojos al cielo, tenía ya consigo al que hizo los cielos... Que no esté lejos, o que lo esté, depende de ti. Ama, y se acercará; ama, y morará en ti*[42].

El obstáculo de la aridez interior

18 Quizá alguna vez, hijo mío, me digas que te encuentras cansado y frío, cuando cumples las Normas; que te parece que estás haciendo una comedia. Esa comedia es una gran cosa, hijo. El Señor está jugando con nosotros como un padre juega con sus hijos. Dios es eterno, y tú y yo delante de Dios somos unos niños pequeñísimos. *Ludens in orbe terrarum*[43]: estamos jugando ante Dios Nuestro Padre, y Dios juega con nosotros como juegan los padres con sus hijos.

Si en algún momento —ante el esfuerzo, ante la aridez— pasa por nuestra cabeza el pensamiento de que *hacemos comedia*, hemos de reaccionar así: ha llegado la hora maravillosa de hacer una comedia humana con un espectador divino. El espectador es Dios: el Padre, el Hijo, el Espíritu Santo: la Trinidad Beatísima.

---

[42] S. Agustín de Hipona, *Sermo* 21, 2 (CChr.SL 41, p. 278).

[43] *Pr* 8,31.

Y con Dios Señor nuestro, nos estarán contemplando la Madre de Dios, y los ángeles y los santos de Dios.

No podemos abandonar nuestra vida de piedad, nuestra vida de sacrificio, nuestra vida de amor. Hacer la comedia delante de Dios, por amor, por agradar a Dios, cuando se vive *a contrapelo*, es ser juglar de Dios. Es hermoso —no lo dudes— hacer comedia por Amor, con sacrificio, sin ninguna satisfacción personal, por dar gusto al Señor, que juega con nosotros. Vivir de amor, sin andar mendigando compensaciones terrenas, sin buscar pequeñas infidelidades miserables, sentirse orgulloso y bien pagado sólo con eso: convertir la prosa ordinaria en endecasílabos de poema heroico.

19

Obras son amores. *Quien ha recibido mis mandamientos y los observa, ése es el que me ama; y el que me ama, será amado de mi Padre y yo le amaré, y yo mismo me manifestaré a él*[44]. Si el Señor nos da a veces la gracia suya y nos hace comprender *sus juicios incomprensibles*[45], que son más dulces que la miel y el panal[46], de ordinario no sucede así; hay que cumplir con el deber, no porque nos guste, sino porque tenemos obligación. No hemos

[44] *Jn* 14,21.
[45] *Rm* 11,33.
[46] Cfr. *Sal* 19[18],11.

de trabajar porque tengamos ganas, sino porque
Dios lo quiere: y entonces habremos de trabajar
con buena voluntad. El amor gustoso, que hace
feliz al alma, está fundamentado en el dolor, en
la alegría de ir contra nuestras inclinaciones, por
hacer un servicio al Señor y a su Santa Iglesia.

El obstáculo de las tentaciones

20   *Porque eras acepto a Dios, fue necesario que la tentación te probase*[47]. No olvides que el Señor es
nuestro modelo; y que por eso, siendo Dios,
permitió que le tentaran, para que nos llená-
semos de ánimo, para que estemos seguros
—con Él— de la victoria. Si sientes la trepida-
ción de tu alma, en esos momentos, habla con
tu Dios y dile: *ten misericordia de mí, Señor, porque tiemblan todos mis huesos, y mi alma está toda
turbada*[48]. Será Él quien te dirá: *no tengas miedo, porque yo te he redimido, y te he llamado por tu
nombre: tú eres mío*[49].

No te turbe conocerte como eres: así, de
barro. No te preocupe. Porque tú y yo somos
hijos de Dios —y éste es endiosamiento bueno—, escogidos por llamada divina desde toda la

---

[47] *Tb* 12,13.
[48] *Sal* 6,3-4.
[49] *Is* 43,1.

eternidad: *nos escogió el Padre, por Jesucristo, antes de la creación del mundo, para que seamos santos en su presencia*[50]. Nosotros, que somos especialmente de Dios, instrumentos suyos a pesar de nuestra pobre miseria personal, seremos eficaces si no perdemos la humildad, si no perdemos el conocimiento de nuestra flaqueza. Las tentaciones nos dan la dimensión de nuestra propia debilidad.

Una cosa es pensar o sentir, y otra consentir. La tentación se puede rechazar fácilmente: *aun el mínimo grado de gracia es suficiente, para resistir a cualquier concupiscencia y merecer la vida eterna*[51]. Lo que no conviene hacer de ninguna manera es dialogar con las pasiones, que quieren desbordarse.

21

La tentación se vence con oración y con mortificación: *cuando ellos me afligían, yo me vestí de saco, sometiendo al ayuno mi alma, y repetía en mi pecho las plegarias*[52]. Llevad este convencimiento a vuestra vida de entrega: que, si somos fieles, podremos hacer mucho bien en el mundo. Sed fuertes, recios, enteros, inconmovibles ante los falsos atractivos de la infidelidad.

Así podremos decir, con el salmista: *he sido impelido y trastornado, y estuve ya para caer, pero*

---

[50] *Ef* 1,4.
[51] *S.Th.* III, q. 62, a. 6 ad 3.
[52] *Sal* 35[34],13

me sostuvo el Señor[53]. Te amamos, Señor, porque cuando viene la tentación nos das la ayuda de tu fortaleza —de tu gracia—, para que seamos victoriosos. Agradecemos, Señor, que permitas que seamos probados, para que seamos humildes.

22 Quiero ahora preveniros, contra un conflicto psicológico. Hace años me decía un buen fraile, prudente y piadoso: no olvides que cuando llega la gente a los cuarenta años, los casados se quieren *descasar*; los frailes, hacerse curas; los médicos, abogados; los abogados, ingenieros; y todo así: es como una hecatombe espiritual.

Las cosas no suceden exactamente como decía aquel religioso o, al menos, no son una regla tan general. Pero deseo que mis hijos conozcan este posible mal, y estén prevenidos, aunque pasen muy pocos por esta crisis. Si alguno de vuestros hermanos pasa por esta angustia, tendréis que ayudarle: rejuveneciendo y vigorizando su piedad, tratándole con especial cariño, dándole un quehacer agradable. Precisamente a los cuarenta años no será; pero puede ser a los cuarenta y cinco. Y habrá que procurar que haya una temporada de distensión: y no lo haremos con cuatro, sino con todos.

---

[53] *Sal* 118[117],13.

Siendo muy niños delante de Dios, no podemos   23
estar infantilizados. A la Obra se viene con la
edad conveniente para saber que tenemos los
pies de barro, para saber que somos de carne y
hueso. Sería ridículo darse cuenta en plena madurez de la vida: como una criatura de meses,
que descubre asombrada sus propias manos y
sus pies. Nosotros hemos venido a servir a Dios,
conociendo toda nuestra poquedad y nuestra flaqueza, pero si nos hemos dado a Dios, el Amor
nos impedirá ser infieles.

Por lo demás, ser desleales, agarrarse entonces a un amor de la tierra, estad seguros de que
supondría el comienzo de una vida muy amarga,
llena de tristeza, de vergüenza, de dolor. Hijos
míos: afirmaos en este propósito de no vender
jamás la primogenitura, de no cambiarla, al pasar
los años, por un plato de lentejas*. Sería una gran
pena malbaratar así tantos años de amor sacrificado. Decid: *he jurado guardar los decretos de tu
justicia, y quiero cumplir mi juramento*[54].

Dios, que premia siempre nuestra fidelidad
y nos recuerda el *omnia in bonum***, nos previene
al mismo tiempo contra el peligro constante del
envanecimiento, según aquellas palabras de San

---

* Cfr. *Gn* 25,29-34 (N. del E.)
** Cfr *Rm* 8,28 (N. del E.)
[54] *Sal* 119[118],106.

Agustín: *a los que aman a Dios de este modo, todo contribuye para su mayor bien: absolutamente todas las cosas endereza Dios a su provecho, de suerte que aun a los que se desvían y extralimitan les hace progresar en la virtud, porque se vuelven más humildes y experimentados. Aprenden que en el mismo camino de la vida justa deben alborozarse con gozo y temblor, sin atribuirse presuntuosamente a sí mismos la seguridad con que caminan ni decirse en tiempo de la prosperidad: ya nunca caeremos*[55].

El obstáculo del desaliento

24 Todos tenemos errores, aunque llevemos años y años luchando por vencerlos. Cuando de la lucha ascética sacamos desaliento, es que somos soberbios. Hemos de ser humildes, con deseos de ser fieles. Es verdad que *servi inutiles sumus*[56]. Pero, con estos siervos inútiles, el Señor hará cosas muy grandes en el mundo, si ponemos algo de nuestra parte: el esfuerzo de alzar la mano, para asirnos a la que Dios —con su gracia— nos tiende desde el cielo.

Sólo los soberbios se sorprenden, al ver que tienen los pies de barro. Un acto de contrición

---

[55] S. Agustín de Hipona, *De correptione et gratia liber unus*, c. 9, 24 (CSEL 92, p. 247).

[56] *Lc* 17,10.

y de desagravio, y adelante. Reconozcamos que
además de las faltas que tenemos en la conciencia, habrá otras, que están ocultas a nuestros
ojos. Dolor de amor, pues, y —en la intimidad de
ese dolor y de esa humildad— nos atreveremos a
decir al Señor que hay también en nuestra vida
mucho amor. Que si fue real la falta, real es el
amor que Él mismo pone en nosotros, que nos
permite servirle con toda la fuerza de nuestros
corazones. Decid frecuentemente, como jacu-
latoria, el acto de contrición de Pedro, después
de las negaciones: *Domine, tu omnia nosti; tu scis,
quia amo te!*[57].

Dile a tu Ángel Custodio —yo se lo digo al mío—   25
que no quiera mirar nuestros errores, porque estamos dolidos, contritos. Que lleve al Señor esta
buena voluntad que nace, en nuestro corazón,
como un lirio que ha florecido en el estercolero.

    No admitáis el desaliento, por vuestras
miserias personales o por las mías, por nuestras
derrotas. Abrid el corazón, sed sencillos: con-
tinuemos andando el camino, con más cariño,
con la fuerza que nos da Dios, porque Él es
nuestra fortaleza[58].

---

[57] *Jn* 21,17; «*Domine, tu omnia nosti; tu scis, quia amo te*»:
«Señor, tú lo sabes todo. Tú sabes que te amo» (T. del E.).
[58] Cfr. *Sal* 43[42],2.

Si nos amamos a nosotros mismos de un modo desordenado, motivo hay para estar tristes: ¡cuánto fracaso, cuánta pequeñez! La posesión de esa miseria nuestra ha de causar tristeza, desaliento. Pero si amamos a Dios sobre todas las cosas, y a los demás y a nosotros mismos en Dios y por Dios, ¡cuánto motivo de gozo! *Es propio de la humildad que el hombre, considerando sus propios defectos, no se engría. Pero no pertenece a la humildad, sino más bien a la ingratitud, el desprecio de los bienes que de Dios ha recibido. Y de ese desprecio proviene la pereza y la flojedad*[59], el disgusto por las cosas espirituales, la tibieza, que es el sepulcro de la vida interior.

Si sentís decaimiento, al experimentar —quizá de un modo particularmente vivo— la propia miseria, es el momento de abandonarse por completo, con docilidad en las manos de Dios. Cuentan que un día salió al encuentro de Alejandro Magno un pordiosero, pidiendo una limosna. Alejandro se detuvo y mandó que le hicieran señor de cinco ciudades. El pobre, confuso y aturdido, exclamó: ¡yo no pedía tanto! Y Alejandro repuso: tú has pedido como quien eres; yo te doy como quien soy.

---

[59] *S.Th*. II-II, q. 35, a. 1 ad 3.

Dios remedia nuestra fragilidad

De lo profundo te invoco, oh Señor. Oye mi voz: estén **26**
atentos tus oídos a la voz de mis súplicas. Si guar-
das, oh Señor, la memoria de los delitos, ¿quién podrá
subsistir? Pero eres indulgente, y tu ley me ayuda a re-
verenciarte, Señor. En tus promesas espero, mi alma
confía en el Señor. Israel espera al Señor más que los
centinelas nocturnos esperan el alba; porque de Él vie-
ne la misericordia y su redención es copiosa. Él, pues,
redimirá a Israel de todas sus iniquidades[60].

Estamos hechos de barro de la tierra —*de
limo terrae*[61]—, de barro de botijo: frágil, que-
bradizo, inconsistente. Pero ya habéis visto
cómo arreglan esas vasijas de cerámica que se
hicieron pedazos: con lañas, para que sigan
sirviendo. Los cacharros recompuestos así, son
incluso más bonitos: tienen una gracia particular. Se ve que han servido para algo. Si siguen
sirviendo, son espléndidos. Además, esas vasijas, si pudieran razonar, no tendrían soberbia
nunca. Nada tiene de extraño que se hayan
roto, y menos aún que las hayan arreglado,
sobre todo si se trataba de algo insustituible,
y ¿quieres decirme, hijo mío, con qué puede
sustituirse el alma?

---

[60] *Sal* 130[129],1-8.
[61] *Gn* 2,7.

A pesar de nuestras pobres miserias personales, somos portadores de esencias divinas de un valor inestimable: somos instrumentos de Dios. Y como queremos ser buenos instrumentos, cuanto más pequeños y miserables nos sintamos con verdadera humildad, todo lo que nos falte lo pondrá Nuestro Señor: *el Señor ordena los pasos del hombre, y se complace en sus caminos. Si cayere, no quedará postrado: porque el Señor le tiende su mano*[62].

27 Quizá os encontraréis a veces —no digo en cosas grandes, pero aunque lo fuera, que no lo será— con que tengáis que vivir en vuestra vida personal la escena de Naín, que nos narra San Lucas: *sacaban a enterrar a un difunto, hijo único de su madre, que era viuda. Así que la vio el Señor, movido a compasión, le dijo: no llores. Se acercó y tocó el féretro; y los que le llevaban, se pararon. Dijo entonces: muchacho, yo te lo mando, levántate. Inmediatamente se incorporó el difunto, y comenzó a hablar, y Jesús lo entregó a su madre*[63].

La vida interior es eso: comenzar y recomenzar. La vida interior consiste en hacer muchos actos de contrición, de amor y de reparación. *Quiero ensalzarte, oh Señor, porque me has puesto a salvo y no has alegrado a mis enemigos en*

---

[62] *Sal* 37[36],23-24.
[63] *Lc* 7,12-15.

mi dolor. Señor, mi Dios, clamé a ti y tú me sanaste.
Oh Señor, has sacado mi alma del sepulcro, me has
llamado a la vida de entre los que bajan a la fosa.
Cantad al Señor, vosotros, sus santos, y ensalzad su
santo nombre[64].

El obstáculo del fracaso

Otras veces os encontraréis con las manos vacías.   28
Será el momento de volver a empezar, de oír
como Simón Pedro el mandato de Cristo que se
escucha de nuevo: *guía mar adentro, y echad vues-*
tras redes para pescar. Replicole Simón: Maestro, toda
la noche hemos estado trabajando, y no hemos pescado
nada; no obstante, sobre tu palabra, echaré la red. Y,
habiéndolo hecho, recogieron tan grande cantidad de
peces, que la red se rompía. Por lo que hicieron señas
a los compañeros de la otra barca, para que viniesen y
les ayudasen. Vinieron, y llenaron de tal modo las dos
barcas, que poco faltó para que se hundiesen. Viendo
esto Simón Pedro, se arrojó a los pies de Jesús, diciendo:
apártate de mí, Señor, que soy un hombre pecador[65].

Recordando la miseria de que estamos hechos, teniendo presentes los fracasos que causó
nuestra soberbia, ante la majestad de ese Dios
—de Cristo pescador— hemos de decir lo mismo

---

[64] *Sal* 30[29],2-5.
[65] *Lc* 5,4-8.

que Pedro: Señor, yo soy un pobre pecador. Y entonces —ahora a vosotros y a mí, como entonces al Apóstol— Jesucristo nos repite lo que también nos dijo cuando nos metió en su red, al llamarnos: *ex hoc iam homines eris capiens*[66]; desde ahora serás pescador de hombres: con mandato divino, con misión divina, con eficacia divina.

29   No se romperán tus pies de barro, porque conoces su inconsistencia y serás prudente, porque sabes bien que sólo Dios puede decir: *¿quién de vosotros me puede acusar de pecado?*[67].

Cuando llega la noche y hago el examen y echo las cuentas y saco la suma, la suma es: *pauper servus et humilis!*[*] Digo muchas veces: *cor contritum et humiliatum, Deus, non despicies!*[68]. No lo digo con humildad de garabato. Si el Señor ve que nos consideramos sinceramente siervos pobres e inútiles, que tenemos el corazón contrito y humillado, no nos despreciará, nos unirá a Él, a la riqueza y al poder grande de su Corazón amabilísimo. Y tendremos el endiosamiento bueno: el endiosamiento de quien sabe que nada tiene de bueno, que no

---

[*] Himno *Sacris Sollemniis* (N. del E.).
[66] *Lc* 5,10.
[67] *Jn* 8,46.
[68] *Sal* 51[50],19.

sea de Dios; que él, de sí mismo, nada es, nada puede, nada tiene.

Heme, pues, aquí; yo soy el Dios que anula tus pecados 30
y no se acuerda de ellos. ¿Ves? No los recordaré, dice, y
eso es propio de la clemencia; pero tú recuérdalos, para
que tomes ocasión de corregirte. Pablo, aunque sabía
esto, se acordaba siempre de los pecados, que Dios ha-
bía olvidado, hasta el punto que decía: no soy digno
de ser llamado apóstol, porque perseguí a la Iglesia de
Dios; y: Cristo vino al mundo a salvar a los pecado-
res, de los que yo soy el primero. No dijo: era; sino:
soy. Ante Dios estaban perdonados los pecados, pero
ante Pablo persistía su recuerdo. Lo que Dios había
anulado, él mismo lo divulgaba... Dios le llama vaso
de elección, y él se dice el primer pecador. Si no se había
olvidado de los pecados, piensa cómo recordaría los
beneficios de Dios[69].

San Pablo se sabe el último de los apóstoles, pero siente también el mandato de evangeli-
zar. Como tú y como yo. Tú sabrás cómo eres.
De mí te puedo decir que soy una pobre cosa, un
pecador que ama a Jesucristo. Por gracia de Dios
no le ofendemos más, pero me siento capaz de
cometer todas las vilezas, que haya cometido
cualquier otro hombre.

---

[69] S. Juan Crisóstomo, *Sermo Non esse ad gratiam con-
cionandum*, 4, (PG 50, cols. 658-659).

Por eso, si los demás —porque el Señor, en su bondad, no les deja ver nuestra fragilidad— nos tienen por mejores que ellos, nos alaban y muestran desconocer que somos pecadores, debemos pensar y meditar en el fondo de nuestro corazón, con humildad verdadera: *tamquam prodigium factus sum multis: et tu adiutor fortis*[70]; llegué a ser, para muchos, como un prodigio; pero bien sé que tú, Dios mío, eres mi fortaleza.

El poder de Dios se revela en la flaqueza humana

31 *Para que la grandeza de las revelaciones no me envanezca, se me ha dado el estímulo de la carne, un ángel de Satanás, que me abofetee. Tres veces pedí al Señor que lo apartase de mí, y me respondió: te basta mi gracia, porque mi poder brilla y consigue su fin por medio de la flaqueza. Así que con gusto me gloriaré de mis flaquezas, para que haga morada en mí el poder de Cristo. Por esta razón siento alegría en mis enfermedades, en los ultrajes, en las necesidades, en las persecuciones, en las angustias por amor de Cristo; pues cuando soy débil, entonces soy más fuerte*[71].

Dios, cuando desea realizar alguna obra, emplea medios desproporcionados, para que se note bien que la obra es suya. Por eso vosotros

---

[70] *Sal* 71[70],7.
[71] *2 Co* 12,7-10.

y yo, que conocemos bien el peso abrumador de nuestra mezquindad, debemos decir al Señor: aunque me vea miserable, no dejo de comprender que soy un instrumento divino en tus manos. No he dudado jamás de que los trabajos que haya hecho a lo largo de mi vida en servicio de la Iglesia Santa, no los he hecho yo: sino el Señor, aunque se haya servido de mí: *no puede el hombre atribuirse nada, si no le es dado del cielo*[72].

Consideremos unas palabras del Evangelio de San Juan: *dícele Simón Pedro: Señor, ¿a dónde vas? Respondió Jesús: adonde yo voy, tú no puedes seguirme ahora; me seguirás después. Pedro le dice: ¿por qué no puedo seguirte ahora? Yo daré por ti mi vida. Le respondió Jesús: ¿tú darás por mí la vida? En verdad, en verdad te digo: no cantará el gallo, sin que me hayas negado tres veces*[73].

32

Por eso cuando con el corazón encendido le decimos al Señor que sí, que le seremos fieles, que estamos dispuestos a cualquier sacrificio, le diremos: Jesús, con tu gracia; Madre mía, con tu ayuda. ¡Soy tan frágil, cometo tantos errores, tantas pequeñas equivocaciones, que me veo capaz —si me dejas— de cometerlas grandes!

---

[72] *Jn* 3,27.
[73] *Jn* 13,36-38.

33 Humildes, hijos míos. Mirad que Jesucristo nos ha besado los pies cuando los besó a los primeros doce. Y Él es quien es, y nosotros somos lo que somos: pobres criaturas.

Si somos fieles, si somos humildes, seremos limpios, mortificados, obedientes; seremos eficaces, en todo el mundo: cuanto más humildes, más eficaces. No hemos venido a mandar, sino a obedecer. Venimos a servir, como Jesús, que *non venit ministrari, sed ministrare*[74]. Meditad muchas veces las palabras del Bautista: *Illum oportet crescere, me autem minui*[75]; conviene que Él crezca, y que yo disminuya.

Si quieres ser grande, comienza por ser pequeño; si quieres construir un edificio que llegue hasta el cielo, piensa primero en poner el fundamento de la humildad. Cuanto mayor sea la mole que se trate de levantar y la altura del edificio, tanto más hondo hay que cavar el cimiento. Y mientras el edificio que se construye se eleva hacia lo alto, el que cava el cimiento se abaja hasta lo más profundo. Luego el edificio, antes de subir se humilla, y su cúspide se erige después de la humillación[76].

---

[74] *Mt* 20,28; «*non venit ministrari, sed ministrare*»: «[el Hijo del Hombre] no ha venido a ser servido, sino a servir». (T. del E.)

[75] *Jn* 3,30.

[76] S. AGUSTÍN DE HIPONA, *Sermo* 69, 2 (PL 38, col. 441).

Los defectos son motivo de humildad.
Para ser humildes, sinceridad con Dios.
Sinceridad consigo mismo

No os extrañe que os diga que amo vuestros de- **34**
fectos, siempre que luchéis por quitarlos, porque
son un motivo de humildad. Ha dicho aquél,
que es el primer literato de Castilla, que la humildad es la base y el fundamento de todas las
virtudes, y sin ella no hay ninguna que lo sea*.

Si queremos perseverar, seamos humildes. Para ser humildes, seamos sinceros: sinceros con Dios, con nosotros mismos, y con
los que llevan adelante nuestra alma: *ut probetis
potiora, ut sitis sinceri et sine offensa in diem Chris-
ti*[77]; a fin de que sepamos discernir lo mejor, y
nos mantengamos puros y sin tropiezo hasta el
final. Así perseveraremos.

Sinceros con Dios: es difícil, porque la
gente tiende al anonimato. Las personas que
tienen una función de importancia en la vida
pública, es frecuente que reciban montones de
anónimos. De cara a Dios, hay muchos hombres
que quieren pasar también en el anonimato, que

---

* Cfr. Miguel DE CERVANTES, *El coloquio de los perros
(Novelas ejemplares),* ed. de Florencio SEVILLA ARROYO,
Alicante, Biblioteca Virtual Miguel de Cervantes, 2001,
fol. 246v (N. del E.).

[77] *Flp* 1,10.

rehúyen el encuentro en la oración personal y en el examen.

35   ¡Cuántos que se atreven, en la confusión de la muchedumbre, a lanzar un insulto soez, una villanía, al paso del gran cortejo, enmudecerían acobardados si estuviesen solos, frente a frente, al descubierto, asumiendo la responsabilidad de sus actos! La insinceridad, que lleva al anonimato y a la cobardía, a evitar la responsabilidad de los propios actos, alza la mano *desconocida* en medio del tumulto callejero, para quebrar en añicos —de una pedrada— la vidriera gótica de una catedral. La razón cristiana, que nos hace amar la libertad y la responsabilidad personal de todos los hombres, nos ha de hacer amigos de conocernos a nosotros mismos, para aceptar las consecuencias de nuestros actos libres: el examen de conciencia diario nos dará el propio conocimiento, la verdadera humildad y, como consecuencia, nos obtendrá del cielo la perseverancia.

¡Oh Señor!, tú me has examinado y me conoces, no se te oculta nada de mi ser... Pues aún no está la palabra en mi lengua, y ya tú, Dios mío, lo sabes todo... ¿Dónde podría alejarme de tu espíritu? ¿Adónde huir de tu presencia? Si subiere a los cielos, allí estás tú; si bajare a los abismos, allí estás presente... Si dijere: las tinieblas me ocultarán, será la noche

mi luz en torno mío, tampoco las tinieblas son densas
para ti, y la noche luciría como el día, pues para ti
tinieblas y luz son iguales[78].

Sinceros con nosotros mismos. Más difícil aún.   36
Ya habéis oído decir que el mejor negocio del
mundo sería comprar a los hombres por lo que
realmente valen, y venderlos por lo que creen
que valen. Es difícil la sinceridad. La soberbia
violenta a la memoria, la obscurece: y se encuentra una justificación para cubrir de bondad el
mal cometido, que no se está dispuesto a rectificar; se acumulan argumentos, razones, que van
ahogando la voz de la conciencia, cada vez más
débil, más confusa.

Como la voluntad tiende al bien o al bien apa-
rente, nunca la voluntad se movería hacia el mal, si
lo que no es bueno no apareciese de algún modo como
bueno[79]. Las pasiones, o la voluntad desviada,
fuerzan al entendimiento, le hacen asentir pre-
cipitadamente, o eludir la consideración de cier-
tos aspectos que contrarían, para acogerse, en
cambio, a otros que favorecen —que adornan de
bondad— aquella inclinación.

---

[78] *Sal* 139[138],1.4.7-8,11-12.

[79] *S.Th.* I-II, q. 77, a. 2 c.

Sin humildad, se deforman las conciencias

37 Si no se es humilde, profundamente humilde, es fácil llegar a deformarse la conciencia. Quizá en nuestra vida, por debilidad, podremos obrar mal. Pero las ideas claras, la conciencia clara: lo que no podemos es hacer cosas malas y decir que son santas.

Cuanta menos humildad, más graves las consecuencias de esa deformación. Porque llegan algunos a no conformarse con esa tranquilización subjetiva de la propia conciencia; sino que se sienten heraldos de una moral nueva, misioneros y profetas de esas reivindicaciones del mal, y difunden sus errores con el fervor de una nueva cruzada, y arrastran tras de sí a los débiles, que encuentran en esas doctrinas nuevas la justificación de sus obras torpes, que se sienten de este modo dispensados del dolor de la rectificación, que —para los humildes— es un deber gustoso.

No escuchéis lo que os profetizan los profetas; os engañan. Lo que os dicen son visiones suyas, no procede de la boca del Señor. Dicen a los que se burlan de la palabra del Señor: paz, tendréis paz. Y a todos los que se van tras los malos deseos de su corazón, les dicen: no vendrá sobre vosotros ningún mal... Descarrían a mi pueblo con sus mentiras y sus jactancias, siendo así que yo no les he enviado, no les he dado misión alguna

*y no han hecho a mi pueblo bien alguno, palabra del
Señor*[80]. Si después de leer estas palabras de la
Escritura Santa, me decís que es difícil para un
alma corriente discernir, os daré un criterio seguro: el amor a la Santísima Virgen, en primer
término; y, después, la obediencia, que es piedra
de toque de la verdadera humildad.

Sinceridad en la dirección espiritual

A la Obra hemos venido a ser santos. No nos   38
vamos a sorprender, al comprobar que estamos
lejos aún de serlo. Por eso admitiremos con sencillez nuestras debilidades, sin tratar de revestir-
las de rectitud; evitando la soberbia, que ciega
tremendamente, y lo hace ver todo al revés de
como es. Hijos míos, sed sinceros con vosotros mismos, sed objetivos. Lograremos, de este
modo, la eficacia de nuestra dedicación. Es difícil: se necesita ser humilde, abrir bien el corazón, de par en par, en la dirección espiritual,
para airear todos los rincones del alma.

      Nuestra ascética tiene la sencillez del Evan-
gelio. No debemos complicar nuestras almas,
dejando el corazón obscuro; no podemos entor-
pecer la acción del Espíritu Santo, provocando
en nuestra vida una solución de continuidad,

---

[80] *Jr* 23,16-17.32.

que nos arranque —aunque sea por poco tiempo— la simplicidad del corazón y la sinceridad delante de Dios[81].

Si nos preocupa algo, lo contamos, estando prevenidos contra el *demonio mudo*. Contadlo todo, lo pequeño y lo grande, y así venceréis siempre. No se vence cuando no se habla. Se explica, porque el que se calla tiene un secreto con Satanás, y es mala cosa tener a Satanás como amigo.

39   Sed sincerísimos: no os concedáis nada sin decirlo, hay que decirlo todo. Mirad que, si no, el camino se enreda; mirad que, si no, lo que era nada acaba siendo mucho. Acordaos del cuento del gitano, que fue a confesar: Padre cura, yo me acuso de haber robado un ronzal... Y detrás había una mula; y detrás, otro ronzal; y otra mula, y así hasta veinte. Hijos míos, que lo mismo pasa con otras muchas cosas: en cuanto se concede el ronzal, viene después todo lo demás, toda la reata, vienen después cosas que avergüenzan.

De pequeño había dos cosas que me molestaban mucho: besar a las señoras amigas de mi madre, que venían de visita, y ponerme trajes nuevos. Me metía debajo de la cama. Luego, mi madre con cariño me decía: *Josemaría, vergüenza sólo para pecar*. Muchos años después me he

---

[81] Cfr. *2 Co* 1,12.

dado cuenta de que había en aquellas palabras
una razón muy profunda. El diablo nos quita
la vergüenza para hacer que nos equivoquemos,
y luego nos la devuelve para que no contemos
nuestros errores. Quizá los mismos errores, de
los que otros alardean —exagerándolos— alrededor de una mesa de café.

Sed muy sinceros, insisto. Y cuando os ocurra   40
algo que no quisierais que se supiese, decidlo
inmediatamente —corriendo— a quien os puede
ayudar, al Buen Pastor. Esta decisión es lógica:
suponed que una persona camina con una piedra grande en la espalda y con los bolsillos llenos de piedrecitas que, entre todas, pesan cien
gramos. Si situamos a esa persona en Madrid,
vamos a suponer que la distancia que ha de re-
correr es de la Puerta del Sol hasta Cuatro Caminos. Cuando llegue al final del trayecto, no
sacará una a una las piedrecillas de los bolsillos,
quedándose —mientras— con la gran piedra enci-
ma. Hijos míos, pues nosotros igual. Lo primero
que hemos de echar fuera es lo que pesa. Otro
modo de comportarse es una gran tontería, y un
principio de insinceridad.

   No tengáis miedo a nada ni a nadie. Si
vienen frutos amargos, decidlo. Todo el remedio está en Dios: aunque hubiese sido un delito
grande, enorme. Decidlo todo; hablad, que se

arregla. El que os oiga no se asustará de nada, porque sabe que él también es de barro, y que es capaz de cometer el mismo desatino, si es desatino, porque la mayor parte de las veces esos sufrimientos proceden de escrúpulos o de una conciencia mal formada. Más motivo para hablar claramente.

41 El miedo, a los que dirigen nuestra alma, es la tentación más diabólica. El miedo y la vergüenza, que no dejan ser sinceros, son los enemigos más grandes de la perseverancia. Somos de barro; pero, si hablamos, el barro adquiere la fortaleza del bronce. Tened bien cogidas estas ideas, llevadlas a la práctica y habremos asegurado la tranquilidad en el servicio de Dios, porque será muy difícil ofuscarnos.

Hijos míos, hemos venido a la Obra a ser santos en medio del mundo; para lograr esto, hemos de poner todos los medios. Cuando un enfermo va a una clínica, para lograr la salud, si le piden que se quite la ropa, porque tienen que hacerle un reconocimiento, y dice que no; si le preguntan qué síntomas tiene, y no lo quiere decir... A esa persona, a donde hay que llevarla no es a una clínica, sino al manicomio.

Debemos facilitar, a quienes tengan la misión de formarnos, el conocimiento de todas nuestras circunstancias personales, no podemos tener miedo de que sepan cómo somos. Al contrario: nos ha de dar alegría hacer que nuestra alma sea transparente. Sólo de ese modo, con esa sinceridad con Dios, con vosotros mismos y con los que os forman, lograremos —en la medida de lo posible y con la ayuda de Dios— la perfección cristiana, la perfección humana, la perseverancia en el bien.

Hay que darse de una vez, sin reservas, varonilmente. Decirle al Señor: *ecce ego: quia vocasti me!*[82]. Quemar las naves, para que no haya posibilidad de retrocesos; y esa posibilidad existirá mientras tengamos en el alma rincones que ocultar. Sería un dolor perder el camino porque nos da la gana, quizá por no hablar, hasta cuando las cosas *parece* que no tienen remedio. Si hablamos desde el primer momento, todo se puede remediar más fácilmente.

En los tiempos de serenidad espiritual —de endiosamiento bueno— haced como los ingenieros, que embalsan las aguas limpias que vienen abundantes de la montaña y, cuando llega el estiaje, tienen un buen depósito, para beber, para regar los campos, para producir energía eléctrica: luz y fuerza. Ahora que abundáis en claridad, que os encontráis en el corazón ese afán de ser

42

---

[82] *1 R* 3,6.9.

fieles, haced el propósito firme de acudir a esa claridad, invocando a Nuestra Madre Santa María, si un día permite el Señor que pensemos que estamos rodeados de tinieblas.

Fieles hasta la muerte

43 Hijos míos: todo eso, que nos hemos propuesto, se reduce a ser leales, en nuestros pequeños deberes de cada instante, seguros de hacer algo muy grande: nuestra obligación de cristianos dedicados a servir al Señor en esta vida que se va, mientras esperamos la eterna. Porque *toda carne es heno, y toda su gloria como la flor del heno: se secó el heno, y su flor se cayó; pero la palabra del Señor dura eternamente*[83].

Pensad también que *statutum est hominibus semel mori*[84], que una sola vez se muere. Unos, en la infancia; otros, jóvenes, como vosotros; otros, en plena madurez; otros, cuando han llegado a envejecer. No podemos perder el tiempo, que es corto: es preciso que nos empeñemos de veras en esa tarea de nuestra santificación personal y de nuestro trabajo apostólico, que nos ha encomendado el Señor: hay que *gastarlo* fielmente, lealmente, administrar bien —con sentido de

---

[83] *1 P* 1,24-25.
[84] *Hb* 9,27.

responsabilidad— los talentos que hemos recibido, para sacar adelante la Obra de Dios.

La llamada divina exige de nosotros fidelidad intangible, firme, virginal, alegre, indiscutida, a la fe, a la pureza y al camino: *el que persevere hasta el fin, será salvo*[85], fieles hasta el último momento, y así seremos santos.

Fidelidad a la fe

A aquella muchedumbre que sigue al Señor, 44 después de la multiplicación de los panes y los peces, Jesús le dijo: *en verdad, en verdad os digo, que vosotros me buscáis, no por los milagros que habéis visto, sino porque os he dado de comer con aquellos panes hasta saciaros*[86]. Los milagros que hace el Señor tienen esa finalidad principal: poner de manifiesto su divinidad, para que tengamos fe. *Le preguntaron luego ellos: ¿qué es lo que haremos, para ejercitarnos en las obras de Dios? Respondió Jesús: la obra de Dios es que creáis en aquel que Él os ha enviado. Le dijeron: ¿pues qué milagros haces tú, para que nosotros veamos y creamos? ¿Qué cosas haces?*[87].

Si falta la voluntad de creer, la disposición humilde del alma, los prodigios de Dios no se

---

[85] *Mt* 24,13.

[86] *Jn* 6,26.

[87] *Jn* 6,28-30.

ven; la inteligencia se mueve en un plano sin relieve, sin el sentido de lo sobrenatural. Por eso, cuando Jesús les habla del Pan de Vida, de la Eucaristía, ellos siguen pensando en el pan de la tierra. *Le dijeron ellos: Señor, danos siempre de ese pan*[88]. Y cuando les propone el misterio que han de creer, en sus términos precisos, sin posibilidad de eludir su contenido sobrenatural objetivo, cuando les exige el acto de fe teologal —dándoles la gracia suficiente para creer—, se produce la desbandada. *Desde entonces muchos de sus discípulos dejaron de seguirle y ya no andaban con él. Por lo que dijo Jesús a los doce: vosotros ¿queréis también retiraros? Entonces Simón Pedro le respondió: Señor, ¿a quién iremos? Tú tienes palabras de vida eterna. Y nosotros hemos conocido y creído que tú eres el Cristo, el Hijo de Dios*[89].

Ahora pido, para vosotros y para mí, la fe de Pedro, *quae per caritatem operatur*[90], que obra animada por la caridad. Una fe viva, inquebrantable, sin titubeos, sin atenuar su contenido, sin una sombra, operativa.

---

[88] *Jn* 6,34.
[89] *Jn* 6,67-70.
[90] *Ga* 5,6.

Fidelidad a la pureza, por Amor

Amad la santa pureza, hijos míos: nuestra casti- 45
dad es una afirmación gozosa, una consecuencia
lógica de nuestra entrega al servicio de Dios, de
nuestro Amor. Podríamos haber puesto el afecto
de nuestro corazón en una criatura; pero, ante la
llamada de Dios, lo hemos puesto entero, joven,
vibrante, limpio, a los pies de Jesucristo: *porque
nos da la gana* —que es una razón bien sobrenatural— corresponder a la gracia del Señor.

Permitidme un inciso: hemos de tener gran
respeto y veneración por el estado matrimonial,
que es noble y santo —*sacramentum hoc magnum
est*[91], el matrimonio es un gran sacramento— y
nosotros lo vemos como otro camino vocacio-
nal, como una participación maravillosa en el
poder creador de Dios. Pero es doctrina cierta
de fe que, de suyo, es más alta la vocación a un
noble y limpio celibato apostólico.

Nosotros iremos adelante, con la gracia de
Dios, no como ángeles —que eso sería un desor-
den, porque los ángeles tienen otra naturaleza—,
sino como hombres limpios, fuertes, ¡normales!:
lo que hacen tantos en la tierra por un hogar, lo
que hicieron nuestros padres con una vida de
cristiana fidelidad, hagámoslo nosotros por el

---

[91] *Ef* 5,32.

Amor de los Amores. Amad mucho, por tanto, la santa pureza, invocad a Nuestra Madre del Amor Hermoso, Santa María, y perseveraremos —alegres y sobrenaturalmente fecundos— en este *Camino* divino de nuestra Obra.

Si alguna vez sentís que está en peligro esa gracia que Dios nos ha hecho, no os debéis extrañar, porque —ya os lo he dicho— somos de barro: *habemus autem thesaurum istum in vasis fictilibus*[92]: una vasija de barro para llevar un tesoro divino. No te hablo para ahora: te hablo por si acaso, alguna vez, sientes que tu corazón vacila. Para entonces te pido, desde este momento, una fidelidad que se manifieste en el aprovechamiento del tiempo y en dominar la soberbia, en tu decisión de obedecer abnegadamente, en tu empeño por sujetar la imaginación: en tantos detalles pequeños, pero eficaces, que salvaguardan y a la vez manifiestan la calidad de tu entregamiento.

Si en algún momento se hace más difícil la lucha interior, será la buena ocasión de mostrar que nuestro Amor es de verdad. Para quien ha comenzado a saborear de alguna manera la entrega, caer vencido sería como un timo, un engaño miserable. No te olvides de aquel grito de San Pablo: *quis me liberabit de corpore*

---

[92] *2 Co* 4,7.

mortis huius?[93], ¿quién me librará de este cuerpo de muerte? Y escucha, en tu alma, la respuesta divina: *sufficit tibi gratia mea!*[94], ¡te basta mi gracia!

El amor de nuestra juventud, que con la gracia de Dios le hemos dado generosamente, no se lo vamos a quitar al pasar los años. La fidelidad es la perfección del amor: en el fondo de todos los sinsabores que puede haber en la vida de un alma entregada a Dios, hay siempre un punto de corrupción y de impureza. Si la fidelidad es entera y sin quiebra, será alegre e indiscutida.

Fidelidad a la vocación

Dejadme que insista: sed fieles. Es algo que llevo clavado en el corazón. Si sois fieles, nuestro servicio a las almas y a la Santa Iglesia se llenará de abundantes frutos espirituales. No olvidéis —repito— que se puede cometer en la vida algún error, pero eso no quiere decir nada contra el camino, ni contra el Amor: quiere decir que, en lo sucesivo, hemos de ser más prudentes. Nadie puede razonar así: puesto que no puedo con la carga de un deber, no cumpliré ninguno. Es una reacción de soberbia, es pasar del endiosamiento al endiablamiento. *Corruptio optimi pessima,*

46

---

[93] *Rm* 7,24.
[94] *2 Co* 12,9.

enseña el viejo adagio escolástico: la corrupción de lo bueno es pésima. Sólo la humildad —con la gracia— puede impedir esa corrupción, ese paso breve de lo mejor a lo peor. *Cuando un espíritu inmundo ha salido de un hombre, se va por lugares áridos, buscando lugar donde reposar y no hallándolo, dice: me volveré a mi casa de donde salí. Y, viniendo a ella, la halla barrida y bien adornada. Entonces va y toma consigo a otros siete espíritus peores que él, y entrando en esta casa, fijan en ella su morada. Con lo que el último estado de aquel hombre viene a ser peor que el primero*[95].

Dejarlo todo porque se dejó una cosa, es absurdo, no conduce a nada. Es la lógica de un loco. Llevamos un tesoro y, si —por lo que sea— hemos perdido en el camino una parte, incluso considerable, no es ésa una razón para tirar, despechados, lo que nos queda. La actitud más razonable será tomar todas las precauciones —valiéndonos también ahora de nuestra experiencia— para no perder nada más. En las cosas del alma, no hay nada irremediablemente perdido: el cuidado humilde y contrito con que procuremos conservar lo que nos quede, hará que recuperemos —superándolo— lo que hayamos perdido. *Pues sucede algunas veces que la intensidad del arrepentimiento del penitente es proporcionada a*

---

[95] *Lc* 11,24-26.

un estado de gracia mayor que aquella de la que cayó por el pecado... Por eso, el penitente algunas veces se levanta con más gracia que la que tenía antes[96].

El que se quede agarrado a las zarzas del camino, se quedará por su propia voluntad, sabiendo que será un desgraciado, por haber vuelto la espalda al Amor de Cristo. Vuelvo a afirmar que todos tenemos miserias. Pero las miserias nuestras no nos deberán llevar nunca a desentendernos de la llamada de Dios, sino a acogernos a esa llamada, a meternos dentro de esa bondad divina, como los guerreros antiguos se metían dentro de su armadura: aquel *ecce ego: quia vocasti me!*[97]; aquí me tienes, porque me has llamado, es nuestra defensa. No hemos de ir contra la llamada de Dios, porque tenemos miserias; sino atacar las miserias, porque Dios nos llamó. 47

Cuando viene la dificultad y la tentación, el demonio más de una vez nos quiere hacer razonar así: como tienes esta miseria, es señal de que Dios no te llama, no puedes seguir adelante. Nosotros debemos advertir el sofisma de ese razonamiento, y pensar: como Dios me ha llamado, a pesar de este error, con la gracia del Señor saldré adelante.

---

[96] *S.Th.* III, q. 89, a. 2 c.
[97] *1 R* 3,6.9.

Nuestra entrega nos confiere como un título —un derecho, por decirlo así— a las gracias convenientes para ser fieles al camino que emprendimos un día, porque Dios nos llamó. La fe nos dice que, cualesquiera que sean las circunstancias por que atravesemos, esas gracias no nos faltarán si no renunciamos voluntariamente a ellas. Pero nosotros debemos cooperar: dentro de esa cooperación está el ejercicio de la virtud de la fortaleza, y una parte de la fortaleza es la paciencia para soportar la prueba, la dificultad, la tentación y las propias miserias. *El que fue probado y se mostró perfecto tendrá gloria perdurable. El que pudo prevaricar y no prevaricó, hacer el mal y no lo hizo, tiene asegurados sus bienes en el Señor*[98].

Desde la eternidad el Creador nos ha escogido para esta vida de completa entrega: *elegit nos in ipso ante mundi constitutionem*[99], nos escogió antes de la creación del mundo. Ninguno de nosotros tiene el derecho, pase lo que pase, a dudar de su llamada divina: hay una luz de Dios, hay una fuerza interior dada gratuitamente por el Señor, que quiere que, junto a su Omnipotencia, vaya nuestra flaqueza; junto a su luz, la tiniebla de nuestra pobre naturaleza. Nos busca para corredimir, con una moción precisa, de la que no podemos dudar:

---

[98] *Si* 31,10-11.
[99] *Ef* 1,4.

porque tenemos, junto a mil razones que otras veces hemos considerado, una señal externa: el hecho de estar trabajando con pleno entregamiento en su Obra, sin que haya mediado un motivo humano. Si no nos hubiera llamado Dios, nuestro trabajo con tanto sacrificio en el Opus Dei nos haría dignos de un manicomio. Pero somos hombres cuerdos, luego hay algo físico, externo, que nos asegura de que esta llamada es divina: *veni, sequere me*[100]; ven, sígueme.

Procuremos ser leales a lo largo de nuestra vida y, si en algún momento sentimos que no lo somos, luchemos, pidamos a Dios ayuda, y venceremos, porque Dios no pierde batallas. Pongamos todas nuestras miserias a los pies de Jesucristo, para que Él triunfe: y veréis qué alto queda, y de qué manera nos ayudará a *divinizar* nuestra vida terrena.

48

La flaqueza humana nos acompaña aún en los mejores instantes, en los momentos más sublimes de nuestra existencia. Tenemos —para que nada pueda ya sorprendernos— el testimonio del Santo Evangelio. En la Última Cena, en aquel clima de efusión de amor y de confidencias divinas, en la reunión de los íntimos, de los más formados, de los predilectos: *facta est autem*

---

[100] *Lc* 18,22.

contentio inter eos, quis eorum videretur esse maior[101]: se pusieron a discutir, a pelear entre ellos, sobre quién era el mayor, el más excelente.

Por eso, cuando sintamos en nosotros mismos —o en otros— cualquier debilidad, no debemos mostrar extrañeza: acordémonos de aquellos que, con su flaqueza indiscutible, perseveraron y llevaron la palabra de Dios por todos los pueblos, y fueron santos. Estemos dispuestos a luchar y a caminar: lo que cuenta es la perseverancia.

Rectificar cada día un poco

49 Constantes, alegres, rectificando cada día un poco, como hacen los barcos en alta mar, para llegar a puerto. Los santos han sido como nosotros: han tenido buena voluntad y la sinceridad de rectificar, en su vida interior, en su lucha: con victorias y con derrotas, que a veces son victorias; buscando el trato con Dios, que es esperanza, que es fe, que es Amor. Nuestro Dios está contento con esa lucha nuestra, que es señal cierta de que tenemos vida interior, deseo de cristiana perfección.

Recordad cuando Juan y Santiago se acercaron a Jesús y le dijeron: *Maestro, quisiéramos que nos concedieses todo cuanto te pidamos. Díjoles Él: ¿qué deseáis que os conceda? Concédenos, respondieron,*

---

[101] *Lc* 22,24.

que en tu gloria nos sentemos uno a tu derecha y otro a tu izquierda. Jesús les replicó: ¿podéis beber el cáliz que yo voy a beber, o ser bautizados con el bautismo con el que yo voy a ser bautizado? Respondieron ellos: possumus, podemos[102]. El camino de la Gloria pasa por las estrecheces de la muerte. *¿No sabéis que los que hemos sido bautizados en Jesucristo, lo hemos sido en virtud de su muerte? En el bautismo hemos quedado sepultados con Él, muriendo para el pecado, a fin de que así como Cristo resucitó de entre los muertos para gloria del Padre, así también procedamos nosotros según una vida nueva*[103].

Hijos míos, digamos con Juan y Santiago: *possumus!** Omnia possum in eo qui me confortat*[104]; todo lo puedo en Aquel que me conforta. Llenaos de confianza, porque *el que comenzó la obra, la perfeccionará*[105]: podremos, si cooperamos, porque tenemos asegurada la fortaleza de Dios: *quia tu es, Deus, fortitudo mea*[106].

Nuestra pedagogía se compone de afirmaciones,   50
no de negaciones, y se reduce a dos cosas: obrar

---

* Cfr. *Mc* 10,35-39; *«possumus»*: «podemos» (T. del E.).
[102] *Mc* 10,35-39.
[103] *Rm* 6,3-4.
[104] *Flp* 4,13.
[105] *Flp* 1,6.
[106] *Sal* 43[42],2; *«quia tu es, Deus, fortitudo mea»*: «porque tú eres, oh Dios, mi fortaleza» (T. del E.).

con sentido común y con sentido sobrenatural. Entre otras manifestaciones de esa pedagogía, hay una que puede expresarse así: mucha confianza en Dios, confianza en los demás, y desconfianza en nosotros mismos.

No os fiéis fácilmente del propio juicio: como el metal precioso se pone a prueba —necesita la piedra de toque—, nosotros hemos de ver si nuestro juicio es oro fino —en lo humano y en lo sobrenatural— teniendo en cuenta el parecer de los demás, especialmente de quienes tienen gracia de estado para ayudarnos. Por eso hemos de tener la buena disposición de rectificar lo que antes hayamos afirmado. Que no es una humillación rectificar: es un acto lleno de rectitud, que está dentro de aquella pedagogía sobrenatural.

El bien sobrenatural de uno solo, es mejor que el bien natural del universo entero[107]. Hay que pedir a Dios que ponga siempre en nuestra inteligencia esa fe y esa visión sobrenatural, que dé una jerarquía objetiva a nuestras ideas y a nuestros afectos y a nuestras obras. Hay que pedir ese criterio, porque es un don de Dios.

51   Contemplad, conmigo, lo que escribe San Juan: *llegó Jesús a la ciudad de Samaria, llamada Sicar, vecina a la heredad que Jacob dio a su hijo José. Aquí*

---

[107] *S.Th.* I-II, q. 113, a. 9 ad 2.

estaba la fuente de Jacob. Jesús, cansado del camino, se sentó sobre el brocal del pozo[108]. Es conmovedor ver al Señor cansado. Además tiene hambre: los discípulos han ido al pueblo vecino para buscar algo de comer. Y tiene sed: *vino una mujer samaritana a sacar agua. Jesús le dijo: dame de beber*[109]. Después, toda aquella conversación encantadora, en la que el alma sacerdotal de Cristo se vuelca, solícita, para recuperar la oveja perdida: olvidando el cansancio y el hambre y la sed. *Entretanto le instaban los discípulos diciendo: Maestro, come. Pero Él les dice: Yo tengo para comer un manjar que vosotros no sabéis. Decíanse los discípulos unos a otros: ¿si le habrá traído alguno de comer? Jesús les dijo: mi comida es hacer la voluntad del que me ha enviado, y dar cumplimiento a su obra*[110].

Jesucristo, *perfectus Deus, perfectus homo*[111], se presenta a nuestra consideración, para que estemos serenos ante las exigencias limpias de nuestra pobre naturaleza, para que las sepamos olvidar o —al menos— ponerlas en segundo término ante el bien de las almas —de todas las

---

[108] *Jn* 4,5-6.

[109] *Jn* 4,7.

[110] *Jn* 4,31-34.

[111] *Symbolum Quicumque pseudo-Athanasianum*, 32 (DH n. 75); «*perfectus Deus, perfectus homo*»: «perfecto Dios y perfecto hombre» (T. del E.).

almas—, para animarnos a dar cumplimiento a la Obra que Dios nos ha encomendado y sepamos amar su voluntad santísima, alimentándonos siempre de ese afán.

Fe en la misericordia de Dios

52 Una sola palabra del Señor, y la higuera sin fruto se quedó seca hasta las raíces. Se asombran los discípulos, y Jesús les dice: *tened confianza en Dios. En verdad os digo, que cualquiera que dijere a este monte: quítate de ahí y échate al mar, no vacilando en su corazón, sino creyendo que cuanto dijere se ha de hacer, así se hará. Por tanto, os aseguro que todo cuanto pidiereis en la oración, tened fe en conseguirlo, y se os concederá*[112].

La fe será la fuente inagotable de nuestra fecundidad apostólica: *del seno de aquél que cree en mí, manarán, como dice la Escritura, ríos de agua viva*[113]. Pero ha de ser —la nuestra— una fe llena de leal fidelidad al Magisterio del Romano Pontífice.

53 Acababa el Señor de curar a los mudos, a los ciegos, a los cojos, a los enfermos, a muchos otros que se presentaban a Él; y oíd lo que dice: *me da compasión esta multitud, porque ya*

---

[112] *Mc* 11,22-24.
[113] *Jn* 7,38.

hace tres días que persevera conmigo, y no tiene qué comer[114]. El corazón de Jesucristo está lleno de amor, y se compadece de aquella gente que le sigue ¡por tres días!

Tened en cuenta, además, que algunos de aquellos hombres seguían al Señor como se va detrás de un curandero, o de un poderoso de la tierra para obtener sus favores, o —no faltan pruebas, en la Escritura Santa, de esta intención— *ut caperent eum in sermone*[115], para coger una palabra suya y retorcerla. Si para esos que eran así, por tres días de perseverancia, hace Jesús el gran milagro de la multiplicación de los panes, pensad qué no hará por nosotros. En los momentos de apuro, al sentir vuestra indigencia, acudid confiadamente al Señor, abandonaos en sus manos y decidle que llevamos más de tres días siguiéndole con amor y con sacrificio.

Creced en la fe, ante los obstáculos propios o ajenos. Mirad cómo se comporta el centurión, según lo narra San Lucas: *estando ya cerca de la casa, el centurión le envió a decir por medio de sus amigos: Señor, no te tomes esta molestia, que no merezco yo que tú entres en mi casa. Por esa razón, tampoco*   54

---

[114] *Mt* 15,32.
[115] *Lc* 20,20.

me consideré digno de salir en persona a buscarte; pero di tan sólo una palabra, y sanará mi criado[116].

Las dificultades, las contrariedades desaparecen, en cuanto nos acercamos a Dios en la oración. Vayamos a hablar humilde y francamente con Jesús, teniendo en cuenta que *el que trata con sencillez, va confiado*[117], y enseguida se hará la luz, vendrán la paz y la serenidad y la alegría. Y nos sentiremos felices, aun cuando se note todavía el barro en las alas. Después, mortificación, penitencia, y caerá ese barro; y volaremos como las águilas en la altura de la fe y de las obras.

Como aquel hombre, del que nos habla el Eclesiástico, hemos de *madrugar por la mañana, para dirigir nuestro corazón al Señor que nos creó, para orar en presencia del Altísimo. Abriremos nuestra boca en oración y rogaremos por nuestros pecados; y si le place al Señor soberano, nos llenará de espíritu de inteligencia. Como lluvia, el Señor derramará palabras de sabiduría y en la oración alabaremos al Señor. Dirijamos nuestra voluntad y nuestra inteligencia a meditar los misterios de Dios. Publiquemos las enseñanzas de su doctrina*[118].

La oración nos dará el endiosamiento bueno, humilde, santo; y podremos trabajar en todos

---

[116] *Lc* 7,6-7.

[117] *Pr* 10,9.

[118] *Si* 39,6-11.

los ambientes, sin peligro alguno. *Da, quaesumus, omnipotens Deus: ut, quae divina sunt, iugiter exsequentes, donis mereamur caelestibus propinquare*[119]: por ese seguimiento continuado, perseverante, de lo divino, el Señor nos dará a manos llenas la riqueza de sus dones, la divinización buena. *Da nobis, quaesumus, Domine: perseverantem in tua voluntate famulatum; ut in diebus nostris, et merito et numero populus tibi serviens augeatur*[120]. Perseveremos en el servicio de Dios, y veremos cómo crece en número y en santidad este ejército de paz, este pueblo de corredención.

Siempre es posible llegar a ser santos

Hijos míos, adelante con alegría, con esfuerzo: ninguna cosa nos parará en el mundo, mientras sirvamos al Señor, porque todo es bueno para   55

---

[119] *Missale Romanum* (de S. Pío V), Feriae III post Dominicam I Passionis, Postcommunio; *«Da, quaesumus ... caelestibus propinquare»*: «Otórganos, Dios todopoderoso, que cumpliendo siempre los divinos mandatos, merezcamos alcanzar los dones celestiales» (T. del E.).

[120] *Missale Romanum* (de S. Pío V), Feriae III post Dominicam I Passionis, Oratio super populum; *«Da nobis, quaesumus, Domine ... serviens augeatur»*: «Suplicamos, Señor, nos concedas el servirte constantemente según tu voluntad; para que en nuestros días el pueblo fiel aumente en mérito y en número» (T. del E.).

los que aman a Dios: *diligentibus Deum, omnia cooperantur in bonum*[121]. En la vida todo se puede arreglar menos la muerte, y para nosotros la muerte es vida. Nada tiene importancia si hay sinceridad, sentido sobrenatural y buen humor: nada está perdido nunca. Barrabás era un homicida y un revoltoso, y la Muerte de Cristo —vida por Vida— le salva a él de morir. Dimas era un ladrón, un delincuente: y una palabra humilde de arrepentimiento, una oración sencilla y confiada, y Jesús —vida por Vida— le salva a él de morir eternamente. ¡Rectifica, que nunca es tarde para rectificar; pero rectifica inmediatamente, hijo mío!

Muy distintas personas vienen y vendrán al Opus Dei: toda clase de personas. Algunas, llamadas también *cerca de la hora undécima*[122], como aquellos operarios de la viña. Me dará una gran alegría ver llegar a la Obra, llamado por Dios, a un hombre al final de su vida: quizá un alma que ha pasado años y años lejos de Jesucristo. Siempre hay sitio, para un operario de última hora; y —si es fiel— recibirá el premio de la gloria, quizá con sólo unos minutos de amor, atado voluntariamente a la cruz de pies y manos: que no está la santidad en el mucho hacer,

---

[121] *Rm* 8,28.
[122] *Mt* 20,9.

sino en el amar mucho. Un gran Amor nos espera en el Cielo: sin traiciones, sin engaños: todo el amor, toda la belleza, toda la grandeza, toda la ciencia... Y sin empalago: nos saciará sin saciar.

Ha habido siempre herejes —ya los había en vida de los Apóstoles— que han tratado de quitarnos esa esperanza. *Si se predica a Cristo como resucitado de entre los muertos, ¿cómo es que algunos de vosotros andan diciendo que no hay resurrección de muertos? Pues si no hay resurrección de muertos, tampoco Cristo ha resucitado. Pero si no resucitó Cristo, vana es nuestra predicación, y vana es también nuestra fe... Si nosotros sólo tenemos esperanza en Cristo mientras dura nuestra vida, somos los más desdichados de todos los hombres*[123].

Conllevemos todas las dificultades de esta navegación nuestra, en medio de los mares del mundo, con la esperanza del cielo: para nosotros y para todas las almas que quieran amar, la aspiración es llegar hasta Dios: la gloria del Cielo. Si no, nada de nada vale la pena. Para ir al Cielo, hemos de ser fieles. Y para ser fieles, hay que luchar, ir adelante en nuestro camino, aun cuando caigamos de bruces alguna vez: con Él nos levantaremos.

---

[123] *1 Co* 15,12-14.19.

Responsables de la santidad de los demás

56   No estamos solos. *Vae soli* [124]: desgraciados los
que están solos. Procuremos que no nos falte
sentido de responsabilidad, sabiéndonos eslabones de una misma cadena. Por lo tanto —hemos
de decir de veras cada uno de los hijos de Dios,
en su Obra— quiero que ese eslabón que soy yo
no se rompa: porque, si me rompo, traiciono a
Dios, a la Iglesia Santa y a mis hermanos. Y nos
gozaremos en la fortaleza de los otros eslabones;
me alegraré de que haya eslabones de oro, de
platino, engastados de piedras preciosas. Ningún hijo de Dios está solo, ninguno es un verso
suelto: somos versos del mismo poema épico,
divino, y no podemos romper esa unidad, esa
armonía, esa eficacia.

Habéis de ser victoriosos en vuestras miserias, haciendo victoriosos a los demás. Entre todos
me ayudaréis a perseverar. Con errores, que todos tenemos, y que —cuando los reconocemos,
pidiendo perdón al Señor— nos hacen humildes y
merecen que digamos, con la Iglesia: *felix culpa!* [*]

Así lograremos la serenidad, nos ayudare-
mos a querer y a vivir la propia santidad y la

---

[*] Cfr. *Missale Romanum*, pregón pascual o *Exsultet*
(N. del E.).

[124] *Qo* 4,10.

santidad de los otros; y tendremos aquella fortaleza que es la fortaleza de los naipes, que no se
pueden sostener solos, pero que, apoyados unos
en otros, pueden formar un castillo que se tiene en pie. Dios cuenta con nuestras flaquezas,
con nuestra debilidad, y con la debilidad de los
demás; pero cuenta también con la fortaleza de
todos, si la caridad nos une. Amad la bendita
corrección fraterna, que asegura la rectitud de
nuestro caminar, la identidad del buen espíritu:
ve y corrígelo estando a solas con él. Si te escucha,
habrás ganado a tu hermano[125].

Tengamos el corazón grande, para que-
rer a todas las criaturas de la tierra con sus defectos, con sus maneras de ser. No olvidemos
que, a veces, hay que ayudar a las almas, para que
caminen poco a poco; hemos de animarles con
paciencia a avanzar lentamente, de modo que
apenas se puedan dar cuenta del movimiento,
aunque caminen.

En nuestra siembra de paz y de alegría, habrá que difundir y fomentar y defender la legí-
tima libertad personal de los hombres; el deber
que cada hombre tiene de asumirse la responsabilidad que le corresponde en los quehaceres
terrenos; la obligación de defender también la
libertad de los demás, como la suya propia, y de

---

[125] *Mt* 18,15

comprender a todos; la caridad de aceptar a los demás como son —porque cada uno de nosotros tiene culpas y errores—, ayudándoles con la gracia de Dios y con garbo humano a superar esos defectos, para que todos podamos sostenernos a fin de llevar con dignidad el nombre de cristianos.

57a Hay muchas almas alrededor de vosotros, y no tenemos derecho a ser obstáculo para su bien espiritual. Estamos obligados a buscar la perfección cristiana, a ser santos, a no defraudar, no sólo a Dios por la elección de que nos ha hecho objeto, sino también a todas esas criaturas que tanto esperan de nuestra labor apostólica. Por motivos humanos también: incluso por lealtad luchamos por dar buen ejemplo. Si algún día tuviésemos la desgracia de que nuestras obras no fueran dignas de un cristiano, pediremos al Señor su gracia para rectificar.

57b Hemos de ser —en la masa de la humanidad— levadura; y necesitamos santidad: remediar los errores pasados, disponernos con humildad de corazón a practicar las virtudes, en nuestra vida ordinaria. Si vivimos así, seremos fieles. ¡Qué alegría, al llegar el examen de la noche pudiendo decir: Señor, no me he ocupado de mí en todo el día, porque he estado siempre ocupado en servirte, en servir a los demás, por tu Amor!

Unidos al Señor

Solos, no podemos nada de provecho, porque   58
habremos cortado el camino de las relaciones
con Dios: *sine me nihil potestis facere*[126]; sin mí no
podéis hacer nada. Pero unidos al Señor, lo podemos todo: *omnia possum in eo qui me confortat*[127];
todo lo podremos en aquel que nos confortará,
aunque tengamos equivocaciones y errores, si luchamos para no tenerlos.

  Soñaba una vez un conocido mío —nunca
le acabo de conocer— que andaba en un avión
a mucha altura, pero no dentro, sino sobre las
alas: y padecía terriblemente. Nuestro Señor le
daba a entender que así van por las alturas del
apostolado las almas que no tienen vida interior, con el peligro constante de venirse abajo,
sufriendo, inseguras.

Esta vida es pelea, guerra, una guerra de paz, que   59
hay que pelear siempre *in gaudio et pace*. Tendremos esa paz y esa alegría si somos hombres —o
mujeres— de la Obra, que quiere decir: sinceramente piadosos, cultos —cada uno en su labor—,
trabajadores, deportistas en la vida espiritual: *¿no
sabéis que los que corren en el estadio, aunque corran*

---

[126] *Jn* 15,5.
[127] *Flp* 4,13.

todos, uno sólo se lleva el premio? Corred, de tal manera que lo ganéis. Todos los que han de luchar en la palestra, guardan en todo una exacta continencia; y no es sino para alcanzar una corona perecedera, mientras que nosotros esperamos una corona eterna[128].

Por eso somos almas contemplativas, con un diálogo constante, tratando al Señor a todas horas: desde el primer pensamiento del día al último pensamiento de la noche: porque somos enamorados y vivimos de Amor, traemos puesto de continuo nuestro corazón en Jesucristo Señor Nuestro, llegando a Él por su Madre Santa María y, por Él, al Padre y al Espíritu Santo.

Si en algún momento aparece la intranquilidad, la inquietud, el desasosiego, nos acercamos al Señor, y le decimos que nos ponemos en sus manos, como un niño pequeño en brazos de su padre. Es una entrega que supone fe, esperanza, confianza, amor.

Puedo decir que el que cumple nuestras Normas de vida —el que lucha por cumplirlas—, lo mismo en tiempo de salud que en tiempo de enfermedad, en la juventud y en la vejez, cuando hay sol y cuando hay tormenta, cuando no le cuesta observarlas y cuando le cuesta, ese hijo mío está predestinado, si persevera hasta el fin: estoy seguro de su santidad.

---

[128] *1 Co* 9,24-25.

De tal modo ama nuestro Dios a las criaturas —*deliciae meae esse cum filiis hominum*[129], mis delicias son estar con los hijos de los hombres— que, si en algún momento no hemos sabido ser fieles al Señor, el Señor sí que ha estado pendiente de nosotros. Lo mismo que una madre no tiene en cuenta las pruebas de desafecto del hijo, en cuanto el hijo se acerca a ella con cariño, tampoco Jesús se acuerda de las cosas que no hemos hecho bien, cuando al fin vamos con cariño hacia Él, arrepentidos, limpios por el sacramento de la penitencia.

Filiación divina, pues. Con esa creencia maravillosa no perdemos la serenidad: para sentirnos seguros; para volver, si es que nos hemos descaminado en alguna escaramuza de esta lucha diaria —aun cuando hubiese sido una derrota grande—, ya que por nuestra debilidad podemos descaminarnos, y de hecho nos descaminamos. Sintámonos hijos de Dios, para volver a Él con agradecimiento, seguros de ser recibidos por nuestro Padre del cielo.

60

El Señor nos habla —si le queremos oír, en el fondo de nuestra alma, a través de personas y sucesos— como un Padre amoroso; y nos da, sin espectáculo, la gracia conveniente, para tener

---

[129] *Pr* 8,31.

las fuerzas necesarias, incluso la energía humana, para terminar las cosas con la misma ilusión con que las hemos comenzado. Por eso, el *endiosamiento* que nos lleva a perseverar, a vivir llenos de confianza, a superar las dificultades, ya no es un grito de soberbia. Es un grito de humildad: un modo de hacer patente nuestra unión con Dios, una manifestación de caridad; es nuestra misma miseria la que nos lleva a refugiarnos en Dios, a *endiosarnos*.

Tratar a Jesucristo confiadamente.
Alegría en la lucha

61   Tratar a Dios, tocar a Dios. Mirad cómo nos cuenta San Lucas la curación de la hemorroísa. *Dijo Jesús: ¿quién es el que me ha tocado? Excusándose todos, contestó Pedro con sus compañeros: Maestro, un tropel de gentes te comprime y te sofoca y preguntas: ¿quién me ha tocado?*[130]. De Cristo sale la vida a torrentes: una virtud divina. Hijo mío, tú le hablas, le tocas, le comes todos los días: le tratas en la Sagrada Eucaristía y en la oración, en el Pan y en la Palabra.

Hace bastantes años, presencié esta escena: un grupo de hombres y, entre ellos, uno popularmente famoso. Se paraba la gente a

---

[130] *Lc* 8,45.

contemplarlo. Un niño salió de la muchedumbre, pasó una mano por el traje del hombre que todos admiraban, y volvió con la cara radiante, diciendo a gritos ¡lo he tocado!

Nosotros hacemos más: tenemos *amistad personal* con Jesucristo. En esa relación, está la base de nuestro *buen endiosamiento*. En la Sagrada Eucaristía y en la oración está la cátedra en la que aprendemos a vivir, sirviendo con servicio alegre a todas las almas: a gobernar, también sirviendo; a obedecer en libertad, queriendo obedecer; a buscar la unidad en el respeto de la variedad, de la diversidad, en la identificación más íntima.

Los Hechos de los Apóstoles describen, en pocas palabras, el ambiente de la primera comunidad cristiana: *perseveraban todos en las instrucciones de los Apóstoles y en la comunicación de la fracción del pan y en la oración*[131]. Con la Fe, el Pan y la Palabra, perseveraremos, nos llamaremos victoriosos, y tendremos todo el amor que nos aguarda en el cielo, después de haber sido felices en la tierra y de abrir caminos de paz en medio del mundo a tantas almas de todas las naciones.

Hijos míos, que estéis contentos. Yo lo estoy, aunque no lo debiera estar mirando mi pobre vida. Pero estoy contento, porque veo que el

---

[131] *Hch* 2,42.

Señor nos busca una vez más, que el Señor sigue siendo nuestro Padre; porque sé que vosotros y yo veremos qué cosas hay que arrancar, y decididamente las arrancaremos; qué cosas hay que quemar, y las quemaremos; qué cosas hay que entregar, y las entregaremos.

Madre mía: a estos hijos y a mí, danos el don bendito de la humildad en la lucha, que nos hará sinceros; la alegría de sentirnos tan metidos en Dios, *endiosados*. El gozo sacrificado y sobrenatural de ver toda la pequeñez —toda la miseria, toda la debilidad de nuestra pobre naturaleza humana con sus flaquezas y defectos— dispuesta a ser fiel a la gracia del Señor, y así ser instrumento para cosas grandes.

Decid conmigo: Señor, sí, con la ayuda de Nuestra Madre del Cielo, seremos fieles, seremos humildes, y no nos olvidaremos nunca de que tenemos los pies de barro, y de que todo lo que en nosotros brilla es tuyo, es gracia, es esa divinización que nos das porque quieres, porque eres bueno: *confitemini Domino quoniam bonus*[132]; alabad al Señor, porque es bueno.

63   No hay tempestad que pueda hacer naufragar el corazón de la Virgen Madre de Dios. Cada uno de nosotros, al venir las tempestades, luchemos

---

[132] *Sal* 106[105],1.

y, para estar seguros, acudamos al refugio firme del Corazón dulcísimo de María. Ella, la Virgen Santísima, es nuestra seguridad, es la Madre del Amor Hermoso, el Asiento de la Sabiduría; la Medianera de todas las gracias, la que nos llevará de la mano hasta su Hijo, Jesús.

Hijos míos: cuando estéis tristes y cuando estéis alegres; cuando vuestras miserias sean más o menos aparentes, y cuando os pesen más, acudid siempre a María, porque ella jamás nos abandonará, en este camino de servicio a su Hijo Jesús, en medio del mundo.

Santa María, Madre de Dios, Madre nuestra, que tanto sabes de las miserias de tus hijos los hombres. Santa María, Poder Suplicante: perdón por la vida nuestra; por lo que ha habido en nosotros que tenía que haber sido luz, y ha sido tinieblas; que tenía que haber sido fuerza, y ha sido flojedad; que tenía que haber sido fuego, y ha sido tibieza. Ya que conocemos la poca calidad de nuestra vida, ayúdanos a ser de otra manera, a tener contigo —como hijos tuyos— ese buen aire de familia.

Una bendición de vuestro Padre.

Madrid, 24 de marzo de 1931

ESTE LIBRO, PUBLICADO POR
EDICIONES RIALP, S. A.,
MANUEL URIBE 13-15, 28033 MADRID,
SE TERMINÓ DE IMPRIMIR EN
ANZOS, S. L. FUENLABRADA (MADRID),
EL DÍA 28 DE NOVIEMBRE DE 2023.